目に見えない世界との対話☆

あなたを幸せに導く スピリチュアル・メッセージ

Nami Yoshikawa
佳川奈未

Yasushi Nakai
なかいやすし

ビジネス社

神秘のドアをひらくまえがき

あの世も、この世も、心がすべてをつくっている

すべてがまる見えの世界から語られる話は、
大切なことばかりだった

この本は霊の姿や、気持ちや、言葉が、「視える」「聞こえる」「わかる」という、そんな二人による〝霊との対話〟〝摩訶不思議な実体験〟を通してわかった、救いと、導きと、幸運を引き寄せる生き方をお伝えするものです。

それは、まさに目に見えない世界からの「スピリチュアル・メッセージ」であり、受け手にとっての大切な気づきや幸せな導きに、あふれているものです！

本書が誕生するきっかけとなったのは、この本の著者のひとりである、わたくし佳川奈未の前作『佳川奈未の霊界通信』（ビジネス社）と、そのあとに発売された霊界通信ハッ

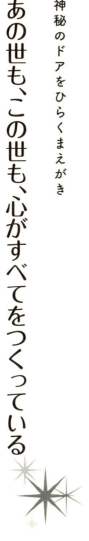

ピーバージョン2☆『幸運を呼び込む☆座敷わらしの置きみやげ♪』（ビジネス社）が大きな反響を呼んだことからです。

まぁ〜、ホントに、信じられないようことが、いろいろ起こるもので……

が、その体験によって、いかに「目に見えない世界」と「目に見える世界」が、密接な関係を持っているかを痛感させられたものです。

また、そこにある真実は、人の心の問題や生き方こそが、何よりも大切だということを身をもって教えてくれました。

すなわち、それは愛を大切にするということであり、愛とは、思いやりであり、優しさであり、善なる理解！

それは、まさに、人としてのあたたかい情を持ち、優しい人として生き、感謝を忘れないでいることであり、そういう生き方が、どれほど、その人の人生を好転させ、幸せにしてくれるものかを実感させられるものでした。

さて本書では、前作で書ききれなかった「目に見えない世界」からの真実の物語や大切なメッセージとともに、その前作の中で登場した、亡くなったわたしの女性担当者の霊が引き起こした現象と、同時にその彼女の夫に起こった摩訶不思議な出来事を、みごとに解決された京都の霊能者（スピリチュアル・カウンセラー）のなかい先生とのコラボで、尊いスピリチュアル・メッセージをお届けいたします！

その感動あふれるリアルな物語から、さらに、あなたの幸せに貢献できればいいなぁと、思っております。

また、ここでお伝えしておきたいことは、あなたをより良い方向に導こうとして現れる霊は、怖いものでも、悪いものでもなく、むしろ手厚くサポートしてくれる愛ある存在だったりするということです。

それは何らかの必要な気づきのサインを送り、その人の生き方を良い形で起動修正してくれる働きを持っていたりするものであり、むしろ運気好転のチャンスを与え、あたたかく見守り、大いに導いてくれたりします。

ときに人は、まちがいを起こすものだからこそ、大切なことを忘れがちなものだからこそ、また自分ひとりでは抜け出しきれない問題を抱えることがあるものだからこそ、なんとかその人を救おうと不思議な現象を通して、必要なお知らせをしてくれるのが、目に見えない世界の存在だったりするわけです。

いつでも、それは、わたしたちに大切なことを伝えに来ている！

とはいうものの、目に見えない世界のあちらが、こちらに何かしらサインを送ってきたり、働きかけてきたりしたとしても、何も視えないこちらにとっては、「えっ!? 一体、これ、どういうこと？」「いま、なにが起こった!?」「なんか、この状況、おかしい！この現象どういう意味？」と、不安になったり、あわてたりするだけのことも、あるわけです。

では「視える」「聞こえる」「わかる」ということができない、ふつうの人たちは、いったい、どうすればいいのでしょうか!?

それこそが重要な質問であり、ぜひとも本書を読んでつかんでいただきたいことであるわけですが、その答えこそ、いつもと違う何かしらの気配や、違和感や、気になることを、しっかり「感じる」ことが大切だということです！

頭で考えるのではなく、心で〝感じること〟が大切。それに尽きます！
そこにこそ気づくべき大切なものや、運気好転のきっかけが多々あるからです！

そして目に見えない世界の存在（神仏や故人の霊や、守護霊など）とのコンタクトは、いつも、心を介してこそ可能となるのです。

〝感じること〟から、すべては、はじまります！

というわけで、本書のリアルな物語を通して、尊いスピリチュアル・メッセージを通して、いまこそ気づくべき大切なことに気づき、より幸せになる方へと安心して向かいましょう。

きっと、そこから、あなたの内なる「心の世界」や、外側の「現実の世界」が、ガラッ

と一変し、みちがえるほど素晴らしい人生が訪れることでしょう♪

2024年　11月

ミラクルハッピー　佳川《よしかわ》　奈未《なみ》

スピリチュアル・カウンセラー　なかい　やすし

もくじ

Chapter 1
目にみえない世界との対話☆

神仏や霊がもの申すとき、
真実がわかり、〝相互救済〟が起こる！

もくじ

Chapter 3
人・場所・状態にある霊的現象☆
起こることには意味がある!
そして、そこから幸運へと導かれる!

Chapter 4

神仏を敬う☆正しい手のあわせ方

心は、そのままあちらに届き、そのままこちらに戻される!

Chapter

1

目にみえない
世界との対話☆

神仏や霊がもの申すとき、
真実がわかり“相互救済”が起こる！

Episode by Nami

すべてのことはつながっている！☆

あちらの世界からのサポートは、〝最も助けが必要なとき〟に現れる！

ここから、わたし自身の体験や、セッションの中で実際に起こったことや、今回コラボのなかかい先生の霊視の現場で本当にあった摩訶不思議なことについて、お伝えしていきましょう。

とにかく「目に見えない世界」にある、故人の思いや、神仏のパワーは、「目に見える世界」である、わたしたちのこの現実と〝密接したつながり〟を持っています。

そして生前親しかった人や亡くなった家族の霊が訴えかけてくることや、お祀りしている神仏からの注意現象や啓示、高次元からの愛あるサポートは、わたしたちの生き方に大きな意味を与えているものです。

そのサポートは、たいがい、こちらが〝最も助けが必要な時〟に現れ、導き、救い、幸せになるよう、とりはからってくださるものであり、不思議としか言いようのない形で現れることが多いものです。

それらを通して、わたしたちのまちがったものの考え方や、生き方や、状態を取り去り、人生を軌道修正させてくれ、もう一度、ちゃんと幸せのルートに乗って進めるよう、うまく誘ってくれます。

そして、わかっておきたいことは、目に見えないあちらの世界からは、目に見えるこちらの世界が、いつも、すべて丸見えであり、それゆえ、こちらは、なにひとつ嘘や偽りやごまかしがきかないということです。

とはいうものの、恐れる必要はありません。

もし、なにか、こちらにまちがったところや、よくないところがあったとしても、人間であるがゆえにしかたないことだとわかってくださっています。

それゆえ罰を与えたりするのではなく、早めに、おかしなものが正されるよう、気づきのサインや注意喚起となるものを差し出してくれ、そこからすべてを好転させてくれるわけです。

それゆえ、それに気づく〝素直さ〟があればいいだけです。「そんなの関係ない！」「気のせいだ！」と、しないことです。

ちなみに、サインはいつも異変の中に現れています！

その**異変には、いつも「ん？」「あれ？」「なんで？ どうしてこうなる？」「なんか、おかしい！」という、小さな気になる出来事や状態、落ち着かない感覚があるものです。**

またなんだかいやな予感がする、落ち着かない、うまくいっていた流れがピタッと止まった、なにかとややこしい問題が起こる、辛いことが重なる、やたらと苦しい状態に置かれる……ということも、あなたを救うサインになっていることが多いものです。

そういうことがあってはじめて、人は現状の問題個所に気づけるもの。

ときにはムシの知らせや、胸騒ぎや、不吉な予感がするという感覚的なものを通して、「目に見えない世界」からのサインが送られてくることがあります。

説明しきれない内なる感覚を覚えること自体、それが立派な注意喚起となっているということであり、内側からあなたは正しい方へと、むしろ、安全に誘ってもらえているのです！

そして、**いつでも、あなたを守る神仏や霊や高次元の存在は、あなたがそのとき、その場で気づくべきことに気づき、必要な改善や行動を起こし、問題をクリアしたなら、必ず〝これにて、一件落着♪〟というような、安堵に満ちた、素晴らしい世界、よろこばしい現実を差し出してくれます！**

さて、ここで、ひとつ覚えておきたいことは、神様であれ、仏様であれ、故人であれ、守護霊であれ、直接あなたと口で会話することができない存在たちは、いつも現象を通して、あなたに語りかけてくる！　ということです。

その現象は、いつ、どのように、どんな形で、日常に出現するのか？

本書では、そのことを実際のエピソードを通してお伝えしていきましょう！

きっと、そこにある「目に見えない世界」と「目に見える世界」の交差する真実の物語には、あなたの心の何かを解決するもの、救いになるもの、導きになるもの、安堵するもの、幸せへと向かうきっかけになるものなど、大切な宝物がたくさんあることでしょう！

Episode by Nami

観音様を救って、自らも救われた女性の話

その家に幸運をもたらしたご霊験高き〝観音様〟の尊いエピソード

この出来事は、一本の電話鑑定「チャネリング」個人セッションをきっかけに起こったことです。

ちなみに「チャネリング」とは、目に見えない領域にアクセスすることで、わたしの場合、視える・聞こえる・わかる！という状態になります。それを通して、さまざまな悩みにお答えできるのです。

その日、その相談者は、こう事情を話してくれたのです。

「実は、自分の仕事や恋愛や経済的なことなどが2年前から、まったくうまくいかなくなったのです。

それまで仲の良かった同僚や友人がなんだかよそよそしくなり離れていき、つきあって、

すごくうまくいっていた大好きな恋人にまで「ちょっと距離を置きたい」と言われ、会えなくなり……

そして会社からは、ある日突然、リストラされたんです！　その部署では、何の問題もなかったというのに、なぜか、いきなり、わたしだけが解雇されたんです。

いったい、どうしてこうなったのか、まったくわかりません」

「……そんなことが……それで、いまは、ひとりでお暮らしですか？　それともご家族と？」

「マンションでひとり暮らしをしています……ですからこの先、仕事はみつかるのか、自分の居場所に戻れるのか、ちゃんと生きていけるのかと、毎日、そんなことばかり心配して、落ち込んでいます……

もう、まわりから完全に無視され、誰からも見放されているような気がして、悲しくてなりません。まるで、わたしなど、この世に存在していないかのような、消えてしまいそうな……

あまりにも辛いことが立て続けに起こったので、耐え切れず病院で薬をもらって飲んでいるのですが、……でも、こんな状態が、いいはずがありません。ひとりでいるとおかしな気持ちになるんです。とにかく、さみしくて、怖い……

先生、これはいったい、どうしたらいいのでしょうか!? どうして、わたしだけこんな目に!?」

そう語る彼女の話をうなずきながら聞いていたわたしですが、彼女が「どうして、わたしだけ、こんな目に!?」と言い終わらないうちに突如、電話の向こうの彼女の背後に、美しい観音様が視えたのです。

なんと! その観音様は、電話口から、こう伝えてくるではありませんか。

「こんな暗い場所にずっといるのは、辛《つら》い…… 誰にも気づいてもらえず、さみしい…… 早くわたしに気づいて、ここからわたしを出してください」と!

ああ、なんということ! さっき彼女が言ったセリフ、そのものではありませんか!

観音様の声は、おどろおどろしい怖い感じのものではなく、澄んだ清らかな美しい声でした。そして次に、観音様は、わたしにこうも伝えてきたのです。

「わたしは押し入れの中にいます。ここから出して、早く元の場所に戻してほしい……

それを、この者に伝えてほしい」と。


わたしは、話の途中で突如やってきた、その観音様の声を無視することができませんでした。それゆえ、聞こえてきたことをそのまま彼女に伝えたのです。

話している最中に、電話越しに、観音様が視え、そのようにおっしゃるのだと。そして、わたしは彼女にこう言ったのです。

「観音様を何とかしてさしあげたいのですが、自宅に観音様を持っておられますか？　押し入れの中にいるのだと、観音様はおっしゃっていますが」

すると、なんと彼女は、こう答えるのです。

「いいえ……わたし、観音様なんて、持っていません」と。


いや、そんなはずはない！　おかしい！


目に見えない世界からの者は、絶対にうそをつかないからです。

それはいつも、真実しか語りません。

それゆえ、わたしは、もう一度、確認したのです。

「よく思い出してみてください。あなたとわたしの会話の途中であるにもかかわらず、観音様が突然、そこに言葉をなげかけてきて、助けを求めてくるということは絶対、何かあるということです。

とにかく観音様です！　白い衣を着た、立ち姿の大きな観音様！

本当に、そういう観音様に心当たりはありませんか？」

「観音様ねぇ……　ん～」

と、彼女が考えているとき、電話越しに続けて観音様がこうおっしゃったのです。

「わたしはとても古い時代のものであり、それは、それは、信心深い心優しい人たちに愛されてきました。そして同じく信心深い心ある人の手から手へと、何代も渡り渡って巡り巡って、大切にされてきました。

そうして最後に、ご縁あって、この者（相談者）の父親に渡り、この者の家にやってきたのです。

彼は、とても熱心に手をあわせ、毎日わたしに感謝をささげてくれました。それゆえ、その心がうれしくて、わたしは幾度も重要な場面において、彼を救ってきました。大きな商売をしておりましたゆえに、うまくいくよう取り計らってまいりました。

わたしを手にした者は誰も皆、よろこんで手を合わせてくれておりましたので、わたしはとても幸せでした。それゆえ、この者の父親にはもちろん、家族にも、この者にも、多くの幸と富を授けてまいりました。

わたしを救い出してくださるならば、悩みなど、すべて解決してみせようぞ！」

わたしは聞こえてきたそれを、すべて話したのです。すると黙って聞いていた彼女は突然、大きな声を出して、こう言ったのです。

「あっ！先生、ありました！確かに観音様が!!

おっしゃるように、立っている姿です！龍の上に!!」

「何を思い出されました？教えてください！とにかく、観音様を救い出さないと！」

「いや、どうしよう……実は思い当たる観音様は、わたしが物心ついた頃から実家の〝床の間〟にありました。小さい頃は何も知らずに、父のまねをして、その前で手をあわせていました。

それは美しい観音様でした！　そのことを思い出しました！」

「その実家の床の間にあった観音様は、いまどこに？」

「いや、それが……実家から遠いもので……あまり帰っておらず……

気にもとめていませんでしたが、そういえば、いつからか観音様を見ていない……

それで、すぐにピンとこなくて……いや、ほんと、どこにいったのか？

実は2年前に父が亡くなって……その後は、実家に行くこともなく……というのも母とはそもそも相性が悪く、顔をあわせると、何かと喧嘩になるので行かないようにしていたんです。

父が死んだときまでは、床の間にあったのか？　ちょっと記憶が定かでなく……

でも観音様のことが気になるので、今夜、母に電話して聞いてみます！」

わたしは、その日、観音様を視たことで本当は彼女の悩みうんぬんではなく、観音様が押し入れから出してほしくて、彼女をわたしの鑑定に誘ったのではないかと思えてなりませんでした。

すると、それから数日後、また彼女はわたしの電話鑑定を申し込んできたのです。てっきり、わたしは観音様が見つかった！　という、お礼の言葉を言ってくれるのだろうと思っていました。

しかし、電話がつながると開口一番、彼女はこう言ったのです。

「先生、母に観音様のことを聞いたら、〝観音さまねぇ～、あら、どうしたかしら？〟と、寝ぼけたようなことを言うんですよ！　まったく、いやになっちゃう。

いいから、探して!!と伝えましたが思い出せないと……」

「もし可能なら、今度、実家に戻ったときに、あなたが実家の押し入れを探してみてください。きっと、そこにあるはずです」

すると、それからまた何日かして、彼女は電話鑑定に！　そして、こう教えてくれたのです。

「先生！　ありました！　ありましたよ、本当に！　押し入れに、観音様が!!

とにかく実家に行って、直接、わたしが確かめるべく押し入れの奥の奥まで探して、中にあるものすべてを部屋の中にひろげて出して、ようやく見つけたんです！」

「わぁ！　よかったですねぇ♪」

「はい！　ありがとうございます！　観音様は白い布でぐるぐるに巻かれていて、ごていねいにそれを母は段ボールにしまって、押し入れの一番奥に追いやっていたんですよ！

母に、〝なぜ、こんなことをするの！　観音様を床の間に置いておけばいいじゃない!!

こんな押し入れにしまわなくても!!〟と叱ったら、こう言うのですよ。

〝あれは、お父さんが信心していて、わたしには関係ないと思って……それで、お父さんが死んだから、もういいかと思って、しまっただけよ〟と！」

「いや、とにかく、観音様が見つかって本当によかった♪

まずは、よくよく、あなたから観音様にお詫びをしてくださいね。

〝わが家を長年守ってくださっていたというのに、ご無礼をして大変申し訳ありませんでした〟と。〝これから、また大切にさせていただきます。ありがとうございます〟と」

「はい、そうします！　ありがとうございました!!」

やれやれ……これにて一見落着♪

そして、わたしは日々の仕事に追われ、彼女のことはすっかり忘れていました。すると、4カ月くらい経ったある日、久しぶりに彼女が鑑定に申し込みをしてきたのです。

今回は、どうしたのかな？

電話に出てみると、彼女は、開口一番、こう言ったのです！

「先生、びっくりしますよ!! 聞いてください!!

解雇されていた会社から突然、連絡があって〝新しい部署を作ったから、もう一度、うちに来ないか？〟と仕事の話がきたんです！

それで、わたし、また、元の会社で働き始めているんです！　しかも、その新しい部署の所長になにかと条件を優遇してもらえ、お給与も前よりだいぶ上がったんですよ♪

しかも！　新しい部署は、いい人たちばかりで♪」

「よかったね！　わたしも、それを聞いて、安心しました」

「それと、これが最もご報告したかったことですが、〝距離を置こう〟と言われて離れていた彼からも、なぜかいきなり連絡があって〝会いたい♪〟と言われ、食事に誘われたんです!!

会ってみると、彼が〝もう一度、つきあってほしい！　離れていたら、やはりさみしかった〟なんて言ってくれたんです！

それで、わたしたち、またつきあうことになって、いま同棲しているんですが、本当に嘘みたいに、いきなり何もかも幸せな状態になったんです♪」

「本当によかったね！ わたしもとてもうれしいよ♪」

「先生、これって、やはり……

観音様を救ってさしあげたから、わたしも救われたのでしょうか!?」


「まさに、そうでしょう♪ とにかく、よかった、よかった!!

ひとりさみしくしていた忘れ去られた観音様を、あなたが遠くの実家まで行って、探し出し、救ってさしあげたから、よろこんで観音様もあなたを救ってくださったのかもしれませんね、観音様からのお礼の気持ちとして♪」


「はい、わたしもそう思います！ というか、絶対に、それしかありません！

落ち着いたいま、いろいろ考えたら、すべてが不思議でしかたありません……

つまり、あんな暗い押し入れの中に観音様は押し込められて、誰にもわかってもらえず、さみしい思いをして泣いていた……見捨てられたような気がして……

いや、それって、まさに、あの頃のわたしではないか！ とわかったんです。

観音様が、なんとしても救い出してほしくて、それを知らせるのに、わたしの身に同じものを映し出していたのかもしれませんね、不思議としか言いようがありません」

「いや、ほんとうに、不思議♪」

「とにかく、ほっとしています、わたし。

しかも、〝お母さんが、観音様をちゃんとしないのだったら、わたしがもらって帰るよ！〟と母に言ったら〝どうぞ。そのほうがいいかもしれないわね、あなたのところでお祀りして〟と、わたしに譲ってくれたんです！

それで、観音様は、いま、わたしのマンションの一番いい場所に置いて、毎日、手をあわせているんです。


そして、あとひとつ、ご報告です！

実は、先生に最初に電話したときに伝えられた話、つまり観音様が信心深い人の手を渡り渡って、巡り巡って、わたしの家にやってきたと語ったことを証明するようなことがあったんです！

母からもらって帰った観音様をきれいな布で拭いていたとき、なにげなくひっくりかえして裏を見ると、代々譲り受けたという人の名前とその日付が小さな文字でぎっしりと刻まれていたんです！

本当に、びっくりしました！ こんなことって、実際に、あるんですね……本当に、驚くばかりです！」

不思議なめぐり逢わせで、人は救われた者に救われる日が必ず来るものです！

Episode by Nami

神様のお札にまつわる話

お札はただの紙や飾りではない☆
神が宿っているからこそのサイン

それは、ずっと以前、セッションに来られた60代の女性の話です。

彼女がセッションルームに入ってくるや否や、わたしは一瞬、頭がくらくらとなってよろけ、目がまわり、船酔いしたような状態になって倒れそうになりました。

〝えっ!? なに、この感覚!? ふつうに立っていられない!!〟

それゆえ、わたしは彼女を迎えて、すぐに椅子に座り、彼女にもすぐに座るように伝えたのです。そして、まずは、わたしはお水を飲ませてもらい、彼女にも、お茶を。そして、こう切り出したのです。

「なんだかあなたが入って来たとたん、くらっとしたのよ。ごめんなさいね。でも、すぐに座ったから、ちょっと落ち着きました。さぁ、話をどうぞ。

今日は、どんなことで?」

「はい、それが……わたしもくらくらするというか、めまいと頭痛のような感覚が毎日あるというか……体も落ち着かないわけですが、実は、家の中がとにかく、ずっと落ち着かないんです」

「落ち着かない?」

「はい、なぜか次々と、いやな問題ばかり起こって! もう、ひっきりなしに他人にふり回されるようなことばかり起こり、心が病みそうです……まったくふつうに暮らせないし、落ち着いて眠れないんです!」

「いったい、それは、いつ頃から?」

「半年くらい前からです……」

と、そういう彼女の背後に何気なく目をやると、神様の気が漂っていたのです! なんだか、神様は、困っていらっしゃるようなご様子。でも、なぜ?

すると次の瞬間、神様は、わたしに、こう伝えてこられたのです。

〝汝（その彼女に対して）、我を知れ、我の名を知れ……
落ち着かぬ！　まったく落ち着かぬ！　あの場所から、違う場所へ、ちゃんと落ち着く場所へ移してほしい〟と。

あらーッ!! きっと、なんだか、おかしなところに置かれているのですね！
と、その瞬間、神さまのお札が、冷蔵庫の上で、ぐらぐら揺れているのが視えたのです。

ははーん、それでか。

それで、まず神様の祀り方について、聞いてみる必要があるとわかったので、わたしは彼女にこう聞いたのです。
「いまのような落ち着かない状態になる前、もしかして何か変わったこと、なさいました？　たとえば、神様のお札をもらってきて粗末にしているとか、なんだかおかしな場所に置いていているとか？」

「……ん……　いや、そういえば、ちょっと集中的に神社参りをして、あちらこちらの神様のお札をたくさん集めたりしました」

「集めた!? 集めたという言葉が、ちょっとおかしいわけですがね。そもそも神様はコレクションでは、あるまいし。

いただいてきたそのお札を、ちゃんとお祀りさせていただいているということですね？

ちなみに、どこの神社のなんという神様のお札をいただいてきたのでしょうか？」

「なんの神様って……名前なんか知りません」

「えっ!? 誰かもわからないという、神様をお受けしたということですか？」

「いや、その神社がご利益があると人に聞いて、それで行っただけで……ご祈禱したら、そのお札をくれて……」

「ご祈禱ということは、なにかをお願いしたというわけですね？」

「はい」

「誰かも知らない神様に？ お願いを？

ふつう人にものを頼むときでも、知らない人に頼んだりしませんよね……

お伝えしている意味を、わかっていただけるとうれしいわけですが。

要は、その心的態度が、とても失礼な話であり、ある意味、怖いことなわけですよ。

たとえば自分の家に、どこの誰だかわからない人がいる、なんていうことは、ふつうありません。あなたの家になんという名前の人がいますか？　と、聞かれて、名前？　そんなもの知らない！　誰か知らないけど、居てもらってます！　などということはないわけで。これ、おかしなことでね……」

「はぁ……　それ、ダメなんですか？」

「いや、ダメというより……失礼にあたると。

本来、まず、行く前に、その神社のご祭神を公式サイトででも調べ、ああ、そういう素晴らしい神様がいらっしゃるのなら、ぜひ会いにいきたい♪　という気持ちで神様を愛しく思い、敬う気持ちで行くほうがいいわけでね。そういう気持ちが、大事なわけですよ。

〝どんな神様がわが家にいるのか知らんけど、利益あるんやろ？　だから、わたしはあんたのこと知らんけど、願い叶えてね！　頼みまっせ！〟というのでは、とんでもなく失礼であり、そのような気持ちと行為があったとしたら、胸が苦しくなりませんか？　と。

いや、あなたが10代、20代ならまだしも……そのお年というのであれば、敬う気持ちは、どこへ？ と。これを理解してもらえると、ここからお伝えする解決方法も、理解していただきやすいかと」

「はぁ」


「それで神様は、あなたの家のどこに？」

「いや、ですから、ちゃんと高いところには置いていています」

「高いところって？」

「だから、ちゃんと冷蔵庫の上に、重ねて置いています！ それじゃダメなんですか？」

その瞬間、彼女のオーラの中に、彼女が自宅でどのような気持ちと態度で、神様にご無礼をしているのかが、はっきり映像で視えました。


彼女が冷蔵庫のドアをパタンパタン明けるたびに、そこに置いてある何枚ものお札が、ぐらぐら揺れて何度も倒れている……

それを、台所仕事のあいまに濡れて汚れた手で、めんどうそうに立て直したり、横に倒したままにしたり……

いやはや、これでは神様も落ち着かないはずです。

それで、こうお伝えしたのです。

「冷蔵庫の上ではなく、どこかリビングの高いところか、寝室の高い場所に置いて、目線より上、自分の息がかからない高さで、清潔な場所で、神様のお札が汚れたり、倒れたりしない場所に移動して、きちんと落ち着いて手を合わせられるようになさるのがいいかと」

すると、それを聞いていた彼女は、素直に「そうします」と、言ってくれるのかと思いきや、不服そうな顔をして、こう言ったのです。

「そんなこと言われても、冷蔵庫の上しか神様の場所なんか、ありません！」と。

いやいや、家の中で最も尊ぶべき神様をお祀りする場所が、冷蔵庫の上しかない！なんてこと、あります？

もし家の中に、冷蔵庫より高い場所がなかったとしたら、わたしなら、お祀りさせていただくために、神様を迎える前に、お社と、お社を設置する背の高い棚でも購入しておくか、業者に頼んで設置し、神主さまにも来ていただき、お祓いしてもらいます。実際、そうしていますがね。

そして、神様のお言葉を、こうお伝えしたのです。

「……まぁ、わたしがあなたの家のことをああしろ、こうしろとは言うことはできません。しかし神様から聞こえてきたお言葉としては、〝自分が誰か、名を知ってほしい。そして落ち着く場所に置いてほしい。そうしたら、汝のすべてを良い形でおさめようぞ〟と、おっしゃっているだけです」

と。

そして、その日、彼女の落ち着かない現状の原因を告げたあと、必要なヒーリング施術をしました。

彼女は帰る際、「先生、ありがとうございました。帰ったら、なんの神様か調べて場所はなんとかします」と。

わたしは、それを聞いて、「ああ、よかった」と、一安心していました。

ところがです！ それから2か月くらいして、再び彼女はセッションにやってきたのです。が、今度は会って驚きました。彼女の口が腫れ、目が腫れ、手がしびれて、動かないというのです！　しかも病院へ行っても、原因不明だと。もらった薬も、まったく効かないと。

そして職も失い、娘と喧嘩して、娘が家を出て行き、ますます大変なことになってしまっているのだと。

その瞬間、また彼女のオーラの中に神様が映し出され、神様はこうおっしゃったのです。

ちなみに、**神様は高次元の高貴な光であり、高次の光ですから、話すというとき、口で会話しているのではなく、その気を通して情報伝達してこられるということであり、それをわたしがキャッチして、わかるということです。**

それは、こう伝えてこられたのです。

「約束は、果たされていない。汝、われの名を知れ。早く落ち着く場所へ」と。

そして、わたしは今回の彼女の心身や状態の大変さを詳しく聞く前に、こう聞いたのです。

「ひとつ確認したいのですが……前回、お伝えしたことは、ちゃんとなさいました？

つまり神様を冷蔵庫の上ではなく、落ち着く場所に移動させていただくということ。あのとき、あなたもそうしますと言って帰られたわけですが」

するど、なんと彼女は、びっくりするようなことを口走ったのです。

「いや、そんなこと、まだしてません！　神様の名前を調べるのも面倒ですし、それに冷蔵庫の上しか、ありません!!」と。まだ同じことを！

ひぇ〜、うそでしょ!?

前回、わたしがお伝えしたことはなんだったのか……と、こちらが落ち込みそうになりました。

別にわたしのために冷蔵庫の上から他へ移動するのではなく、神様が伝えておられることだからこそであり、それさえしてくれたら、すべておさめてあげようと、神様は言ってくださっていたのに!!

しかも、神様の名前もいまだ調べておらず……

それでわたしは、彼女にその場でスマホを出してもらい、その神社を検索してもらい、ご祭神を調べてもらったのです。すると、その神社の公式サイトはすぐに出てきて、神様の名前もすぐにわかったのです。

ものの1分で、なんの神様か、神様の名前も由緒も判明するわけです。

この1分の作業をしていなかったなんて！

あなた、本当に、その神様、好きですか？　敬っていますか？


調べてわかったとたん、彼女はこう言ったのです。

「ああ、この神様だったのですね。まったく知りませんでした……こんな神様」そして、わたしに、こう言ったのです。

「で、先生、これ、何してくれる神様ですか？」と。

いや、あなた、もう、ありえませんわ、神様に対して、その言葉と態度。

わたしはもう、トホホホホ……という感じでした。


しかも前回、神様の名前を知ることと、冷蔵庫から移動させることについては、「そうします」とあの場で彼女は言い、神様も聞いておられました。神様はそれを信じておられました。

それなのに彼女がまだ行動を起こしていない態度に、ちょっと神様は残念そうなムードを放っておられたのです。

しかし彼女は、「今度こそ、そうします」と。

それから今度は1か月もしないうちに、再度セッションにやってきたのです。そして今度はとても晴れやかな顔をして、うれしそうにこう言ったのです！

「先生、あのあと神様をちゃんと粗末にしないお祀り方をして、毎日、感謝してみようと思い、そうしていたら、口と目の腫れが突然、スーッとひいたのです！　それに、娘とも仲直りでき、また一緒に暮らせるようになったんです!!

あのときまで仕事を失っていたわけですが、突然、とても良い条件のところが見つかって!!

なんだか突然、すべてが良い形で落ち着いて、ほっとしています♪　そして生きるのが楽しくなってきました!!　もう何も心配事はなくなりましたから!!

それにしても、これね、先生、結局、神様に落ち着いてもらったら、わたしが一番落ち着いたという……こんなことって、本当にあるんだなぁと。

いまとなっては、神様のお祀りの仕方って本当に大事なんだな！　と、痛感しています！」

神様は出逢った限り、こちらを守ってあげようと思ってくださっています。それゆえ出逢った限り、こちらからまず大切にさせていただこうという気持ちを持ちたいもの。

心からつながることができたとき、願わずとも、求めずとも、神様はこちらのすべてを知り、必要なご加護とサポートを惜しみなく与えてくださるものです。

ちなみに神様のお札をもらってきて、粗末にしているのに何も起こらない人もいれば、彼女のように異変が心身や現象に出る人もいるものです。

両者の違いはなんなのか？　というと、本当に神様が、その人の家にいる場合は、いるからこそ知ってほしい、これから守るつもりでいるからこそとサインを出してくださり、最初の小さなまちがいを、小さなうちに正そうとなさるものだということです。

もし粗末にしても別に何も起こらなかったという場合、たいがい、その家から、神様の気は抜けてしまっている、つまり、お札はあっても神様は帰ってしまっているということのようです。

ありがたい！ ありがたい！ 気づくべきことに気づかせていただけ、さらに守っていただけるというのは、本当に、ありがたい！

Episode by Yasushi

ひとめ会いたい♪☆それは姿を見せに来た！

大晦日の夜に起こった奇跡☆親子愛が叶えた神秘現象とは⁉

それは長いこと、子どもに恵まれなかったあるご夫婦の話です。
その夫婦の間では、何度もの妊娠がありました。が、そのたびに、なぜか流産してしまうということを、繰り返していました。

そして、あるとき、もう妊娠するのもこの自分の年齢では、最後になるかもしれないと、それは、それは用心して、妊娠期を乗り越えようとしていました。が、そのとき宿った子も、また流産してしまったのです。

そして、僕のところに、相談にやってきたのです。

「やはり、子どもには縁がないのでしょうか……
生まれていたら、どれほどうれしかったか……

ひとめ顔を見たかったです……」

「……お子さんは、あなたのお腹にいたとき、充分幸せを感じていました。しかし霊の中には、自分がこの地上に生まれ出ることはないとわかっていても、人間のお腹に入るという経験をしたくて、やってくる霊もあります……

どうか、あまり悲しまないように。

悲しみすぎると、その子も悲しみますからね。〝ありがとう〟といって天に送ってさしあげましょう……」

そうして夫婦は、そのあと、子づくりをあきらめたのです。

けれども、最後の妊娠では、やはり今度こそはという思いが強かったので、毎年、毎年、「ああ、生まれていたら、今年で、あの子は、○歳になる♪」と年を数えては、会うことができなかった、わが子に思いをはせていたのでした。

そして思いが強すぎたこともあり、せめて子どものためのものを買って、しばし癒されるならばと、亡き子のために洋服を買ったり、ランドセルを買ったりして、そういうことをせめてもの癒しと生きる力にしていたのです。

とにかく子どものことは、一日たりとも忘れたことがありませんでした。

それから数年経ったある年、なんとも不思議なことが起きたのです。

それは、大晦日の夜、寒い、寒い日のことでした。

家族そろって年末のテレビ番組を見ていると、突然、ピンポーンと玄関のチャイムが鳴ったのです。

「えっ!? こんな深夜に誰が?」

時計を見ると、12時を過ぎていました。

おじいさんが、「わしが見てくる」と、玄関に向かい、ドアを開けてみると、なんと、そこに赤いランドセルを背負った6～7歳くらいの小さな女の子がニコニコ、ほほえんで立っていたのです。

驚いてしまったおじいさんは、思わずこう聞いたといいます。

「どうしたんじゃ!? こんな夜中に道で両親とでもはぐれたのか!? 迷子か? 寒いでしょ、さぁ、いったん中にお入りなさい」

そう言いながらも、いったいこの子は、どこの子だろう、近所でも見たことのない子だ……と、おじいさんは不思議な思いでいました。そして、家にいる他の者を呼びにいこうと、いったん部屋にあがり、他の者とともに、再び、玄関に戻ると、なんと、その子はすっかり消えていたのです。

「えっ!? いったい、どうしたことだ!? あの子は誰で、いったいどこへ?」

「お父さん、本当にいたの? こんな真夜中に、そんな小さな子が、しかもランドセルを背負っていただなんて……」

「いや、確かに立っていたんだよ、そこに、可愛い子が、ニコニコしながら!! そうだ、そういえば、その子の顔は、おまえの小さなときに、そっくりだったよ」

「えっ!?」

そうして消えたその子の話を家族でしながら、みんなでなんとも奇妙なこの出来事を理解できないまま年を越したのです。

ところが、その翌年の年末、また大晦日の夜12時を過ぎたとき、ピンポーンとチャイムが鳴ったのです。

「えっ!?」

そして、おじいさんと、おばあさんが二人して玄関に向かい、ドアを開けると、また、あの可愛い顔をした、赤いランドセルを背負った女の子がニコニコ、笑顔で、そこに立っているではありませんか!!


今度は、おじいさんひとりではなく、おばあさんも見たのです!

けれども、おじいさんとおばあさんの子である夫婦が玄関に行ったときには、もう誰もいませんでした。


どうして、わたしたちは、その子を見ることができないのか……

そして、なんと、その怪現象というか不思議な出来事は翌年にもあり……

3年続いたとき、はたと気づいたのです。

「それは本当なら生まれてきていたはずの、わたしたちの子どもだ!!」

それがわかったとき、涙があふれてしかたありませんでした。

あの子が生まれていたら小学1年生になると数えていた、あの年こそ、女の子が現れた最初の年だったのだ！　と。

そして、僕を訪ねてきた相談者の方は、こう聞いてこられました。

「先生……いったい、これはどういうことだったのでしょう。

確かにランドセルを背負ったあの女の子は、わたしたちの子だと確信しています。

でも不思議なのは、おじいちゃんも、おばあちゃんも、それをはっきり目で見たというのに、わたしたち夫婦が玄関に行くと消えており……」

「きっと、それは霊界にも何かしらのルールがあって、姿を見せてもいい人と、見せないほうがいい人がいることをわかっているからですよ。

きっと、あなたのご両親である、おじいさんとおばあさんに楽しみを見せてやりたかったのですよ、自分の姿を通して。

しかし当の妊娠したあなたやご主人には、その姿を見せるわけにはいかなかったのです。

もし、あなたたちがその子を見たとしたら、きっと、もう二度と忘れられなくなることでしょう。そんなことをすると、あなたたちをまた悲しませることにもなりますし。

姿を現したのは、お礼のつもりなんです。お母さん、お父さん、いろいろ用意してくれて、ありがとう。あなた方の思いはちゃんと受け取っており、わたしは天国で幸せにしているので、安心してくださいね、と」

霊には姿形はないものです。しかし、いつでも、そこには、「目に見えない世界」にいる者と、「目に見える世界」にいる者との、大切なつながりと、心からの思いと、愛があり、それが不思議な現象を見せるものとなるのです。〝本物の絆〟だよというサインとして！

Episode by Nami

生まれる前に大切なことを伝えに来た魂の意図

ボクはすでに準備できているよ♪ そのために大事なこととは!?

生まれてくる予定の赤ちゃんが、地上にいる親に、メッセージをくれるというような不思議かつ感動的なエピソードは、わたしのところに相談にやってきた方の中にもありました。

それは、いまから5年ほど前のことです。わたしの対面セッションにある40代の女性がやってきました。

彼女は20代で結婚しましたが、もう長年、ずっと子宝に恵まれずに悩んでいました。

ご主人にも「赤ちゃんがほしい! どうしてもほしい!」と、素直な気持ちを伝え、基礎体温を測っては、妊娠しやすい時期にあわせて子づくりに励んできました。

しかし、いっこうに妊娠する気配はなく。

30代の半ば過ぎくらいからとても焦りはじめ、「このままでは無理なのか？」と病院に相談。そこから不妊治療をはじめることになったのです。

しかし、それでもなかなかうまくいかず……とうとう40代になってしまい、絶望的な気持ちを抱え、わたしのところに相談にやってきたというわけです。

「先生……わたしには赤ちゃんは授からないのでしょうか？　どうしても子どもがほしいのです」

「わかりました。視てみましょう……まず視えるのは、あなたのプレッシャーとあせりです。それがあなたの心と体をとても硬くしてしまっています。

そして悲しみが強いので、エネルギーがダウンしていますし、あなた自身、疲れていて、とてもではないけれど、心も体も、新しい生命を受け入れられる状態になっていないようです。

赤ちゃんという〝生命〟を、イキイキとした躍動する大きなエネルギーを、自分の中に宿したいなら、あなた自身がまず元気な状態でなくてはなりません。

悲しみではなく、よろこびで自分を満たし、生命力を上げる必要があります。

生命というのはパワーですからね。そのパワーを受け取るには、こちらにもそれなりのパワーを宿した器が必要だからです！

とにかく、まずは落ち込んだり、焦ったり、悲しむのをやめ、赤ちゃんがやってきたら、どんなに幸せか、その〝幸せな気分〟で子づくりできるよう、心と体調を整え、環境を整える必要があります。

また、もし、あなたのお腹に入る準備をしている子どもの魂が目に見えないあちらの領域で、いま、すでにいるとしたら、なにかあなたに対して、メッセージがあるはずですから、それも視てみましょう」

そう言って、わたしが「チャネリング」（視える・聞こえる・わかる）を通して、その、すでに天で、生まれる準備をしているかもしれない赤ちゃんの魂にコンタクトをとると、なんと、その魂は、こんなことを言うではありませんか。

「ボクは、とっくに地上に降りる準備が出きているよ！　ママのお腹に入るつもりでいるよ。ボクはチャレンジしようとしている。

だけどママのお腹（子宮）の壁が硬くて、うまく子宮にくっつけないんだ（着床できないんだ）。

ママ、もっとリラックスして、柔軟になって！

心をほぐし、体をほぐし、お腹をあたため、柔らかくして!!

緊張と、焦りと、悲しみからの無理な治療はやめて!!

心身へのすべての無理をやめ、ママがふっきれ、ほっとし、パパと楽しんで生きているとき、ボクはふつうに生まれることができるよ♪

ママの心が癒され、生きるよろこびに変わるとき、すべてが柔らかくなって、お腹も柔らかくなって、そのときボクは、ちゃんとママのところに行けるんだ！ そしてボクは無事、生まれることになるから♪」と。

それを聞いた彼女は、思わず号泣していました。

「先生……わたし、実は、もう治療をやめたいと思っていたところなんです!!

あまにりも長くかかるし、費用も大変で、生活も厳しくなっていたんです……

いま子どもの魂が言ったことが本当かどうかは、わたしには何も視えないのでわかりませんが、ここ最近辛くなっていたすべてのことをやめ、自分を心から癒し、リラックスさせ、主人とふつうに楽しんで生きる日常を持ってみます」

「はい。そうしてみてください。

なにせ、プレッシャーやあせりからは、何事もうまく成就しませんからね。

よろこびがあってこそ、物事はよろこばしく現れることができるのですから」

そう言ってわたしは、彼女の中のプレッシャーやあせりや悲しみや、心の奥底に黙って隠し持っていた不本意な運命に対する怒りの感情や、その他、負のエネルギーを、ワークによって、その場で取り除いたのです。

そして、こう伝えたのです。

「あのね、これは三人の子どもに恵まれたわたしの体験から言うのですが……無理に妊娠しようと、何か故意な作戦を練るよりも、もっと効果的なことがあるんですよ。

それはね、デパートのベビー服売り場や、おもちゃ売り場を見に行って、うきうきして幸せな気分で帰ってくることです♪

そこで赤ちゃん用のいろんな可愛いものを見て、〝もし、赤ちゃんができて、男の子だったら、この産着とおもちゃを買おう、女の子だったらピンクにしよう♪〟とか、そうやって赤ちゃんがいる幸せな暮らしを、わくわく、よろこばしくイメージして、買うものを決めておくといいですよ♪

そして家に帰ったら、〝デパートで見たベビーベッドは、ここに置こう♪〟と、部屋で位置を決め、いまから、もう、いらないものを片付け、きれいにそうじし、スペースを確保しておくのです！

そうやって、準備するところに幸せはやってくる♪

わたし自身、三人目の子がなかなか授からなかったとき、そうしたところ、すぐにできましたから♪

赤ちゃんのいる幸せな暮らしをよろこばしくイメージし、デパートでその未来の暮らしを実体験することは、とても効果的！　そう、潜在意識的にもね。

というのも潜在意識は、いまのこの体験が現実の本当のことか、未来の空想のことかを区別できず、いま受け取ったうれしい感情を、現実のものだと認識すると、それを再現する働きがあるからです!!」

「わかりました、先生! さっそく、今日、主人にもこのことを話し、デパートのベビー用品売り場で、デートしてきます♪

ああ、なんだか、赤ちゃんが本当に来てくれるような気がします♪

先生、ありがとうございました!! また、なにかあったら、報告しますね!」

そうして彼女は、晴れやかな顔をして帰っていきました。

そして、そのあと、しばらくセッションに来ることはありませんでした。

「どうしているかな?」と気になっていると、そこから2年くらい経ったとき、突然、また彼女は対面セッションにやってきたのです。

セッション当日を迎えてみると、なんと! 彼女は、可愛い赤ちゃんを抱いて、ご主人とともに来てくれたのです!

「わぁ♪ やはり赤ちゃんできたんですね。おめでとう!

本当によかったね♪」

「先生、本当に、ありがとうございます！」

そして、わたしは尋ねました。

「もしかして、その子は、男の子？」

「はい、そうです！　天からわたしにメッセージをくれた、あの子です！　この子がそうです。先生、顔を見てやってください!!　名前を呼んでやってください♪

きっと、この子、先生の声に何か反応するはずです！　だって、あのとき先生と話していたのですから♪」と。


そして、わたしが赤ちゃんに顔を近づけ名前を呼ぶと、なんと!!　その子は、目をあけ、こちらを見て、わたしの声を〝知っている〟というような感じでほほえんでくれたのです。

そのとき、わたしは確かに、あの日のセッションから通じている何か神聖なものが、そこにあることを感じずにはいられませんでした♪

Episode by Yasushi

女子高生が送った不思議な携帯メール☆

「ありがとう」を伝えたい☆友人に起こった信じがたい現象

その話を聞いた当初、信じられない気持ちでした。こんなことが現実に起こることがあるのかと。

しかし、この件によって、ますますはっきりわかったことは、亡くなった人は大切な思いを秘めており、死んでもそれを届けることができるということでした。肉体は死んでも、心、思い、思念は生きているということでした。

大切な人、愛する人たちに対して思いを持っている者は、「目に見えない世界」から、「目に見える世界」へと、わかる形で現象を引き起こすことができ、魂はそういうエネルギー作用を持っているという真実でした。

起こった出来事の中にある、その優しい思いやりに満ちた心や愛情に、感動してしまったものです。

それは、ある高校生の女の子の話です。彼女は不本意にも、10代という若さでこの世を去ってしまいました。突然のことで、残されたご両親は、それは、それは嘆き悲しんでいました。

しかし、ある日、不思議なことが起きたのです。

そのある日とは、彼女が楽しみにしていた高校の「卒業式」でした。

母親は、その日、こう思って沈んでいました。

「ああ……あの子が生きていたら、今日ふつうに卒業式に出て、明るい未来を歩んでいくはずだったのに……」

と、まさに、そのとき、携帯に一通の着信があったのです。

誰だろうと思って確かめると、それは、なんと亡くなったはずのわが子からではありませんか!!

えっ!? まさか!? うそでしょ!?

見ると、そこには、こうあったのです。

「お母さん、どうか寂しがらないで。わたしは天国から卒業式に参加しているよ。もう大丈夫……」

その不思議な現象に、母親は本当に驚いたものです。しかも娘が持っていた携帯電話は、とっくに解約しており、かかってくるはずなどなかったのですから。

そのあと、不可解な気持ちと、娘への愛でいっぱいになった気持ちで、ひとり家で過ごしていると、ピンポーンと誰かが訪ねてきたのです。

玄関をあけると、それは卒業式を終えたばかりの娘の同級生たちでした。娘と仲良くしていた数名が立っていたのです。

「あら、どうしたの?」

「おばさん……実は、わたしたちみんなに不思議なことがあって……それをおばさんに見せたくて、みんなで訪ねてきたんです……」

「さぁ、家に上がって」

落ち着いて、ゆっくり見せてもらうと、なんと！

友人たちが〝見せたい〟と言っていたものは、友人たち数名の携帯に、それぞれ届いていた娘からのメールでした。

「えっ!? うそでしょ！」

信じられないことに、それは、確かに友人たちに同じ日の同じ時間に、送られていた娘からのメールでした。


同じ日の同じ時間ということは、娘は友人たちに一斉メールを出したのか!?

いや、しかし、それはちょっと違うのでした。

というのも、そこには、各人それぞれに、それぞれにふさわしい、異なる言葉やメッセージが書かれていたからです！

しかも不思議なことに、その内容は、娘とその本人しか知らないはずのことが書かれていたからです。


「彼氏と喧嘩しちゃだめだよ、絶対に仲良くしてね」

「勉強がんばってね。あなたなら、あの志望校に通るからね」

「からだ、無理しないでね。でも、部活はがんばってね」

「いままで仲良くしてくれて、ありがとう。大好きだよ！」

「どうか、わたしの分まで、幸せになってね♪」などと。


そして、ある一人の子は、こんなことを言ったといいます。

「おばさん……わたしは、彼女が亡くなってしまって、あまりにも悲しくて……思い出すのも辛いから忘れようと思って、彼女の携帯のアドレスを削除したんですよ……なのに画面に、彼女の名前が表示されたんです……こんなことって……いったい……」


その日、あまりにもその不思議な出来事に驚いてしまったのと、何かの間違いなのではないかと確かめたい気持ちで、母親は友人たちが帰ったあと、携帯ショップに行ってみたのです。


確かめてもらうと、携帯ショップの人はこう言ったのでした。

「……おかしいですねぇ……娘さんの携帯は確かにご解約されています。ですから、解約されてしまっている方の携帯から、メールなど届くはずもないのですが……」と。

そういって首をかしげるばかりだったというのです。

それがなされた理由は、彼女の優しさに他なりません。みんなを思いやる愛に他なりません。

肉体は消えてなくなっても、人の思いはまだ消えないからこそ、思いやりは思いやりで、愛は愛で、届くのです！　そう、「目に見えない世界」から、「目に見える世界」の人へ。

いつでも、現象をつくるのは、思いです。ただただ、誰かを思いやる切実な気持ちや、優しい気持ちや、愛が、感動の涙あふれるあたたかい現象を起こすのです。

Episode by Yasushi

死んでもなお、好きな彼女に会いにくる霊☆

君にもう一度会えるなら！
僕はこの地に残りたい!!

これはあるとき、僕が車に乗ろうとしたときのことです。ふと見ると、なぜか、30代くらいの若い男性の霊が、助手席に座っているではありませんか。

僕は、思わず、こう聞いてしまいました。

「どうして、ここにいるの？ 僕に、なにか用？」

「えっ!?」

「大丈夫。僕には君が視えているけれど、何も怖いことはしないから安心して。こんな車の中で、いったい何をしているの？ 聞かせてくれない？

もしかしたら力になれるかもしれないし……」

こういう能力を持っていると、求めずとも、霊が僕を頼ってくることもあるものです。

そして、そのとき、彼は、こう言ったのです。

「……彼女を……愛する彼女を、見つめているだけです……」

「彼女って？」

「婚約者です……僕は婚約していたんです……だけど結婚式の前に、交通事故で僕は死んでしまった……」

あきらめがつかなかった……まだ愛していたし、これからだった……

とにかく彼女のそばにいたくて……いや、ほんの一瞬、ひとめ見れるだけでもいいと、この車の中で彼女を見つめていたんです……」

「でも、どうして、ここなの？」

「この道が会社から自宅への通り道で、ここを彼女はいつも通るから、ここにいるんです
……とにかく僕は、死んでしまったから、とても彼女を悲しませてしまった……

だから、ここにいて、毎日、守ってあげたいんです！」

「でも、そんなことをしても彼女からは君が視えないよ」

「……わかっています……　でも、いいんです……こうしていたいだけなので……」

「いや、でも君はここにいつまでもいてはいけないよ。本当は死んでいるのだから、もう天に上がらないとね。

もし、このまま上に行かずに、ここにいるとしたら、そのうち地縛霊になってしまい、もう身動きができなくなり、永遠に天に行けなくなるんだよ！

そうなったら、大変だから、もう、行かないと」

「そんなこと……どうでもいい……僕は、このまま天に行けなくなってもいい……

彼女のそばにいたい……忘れられないんです」

「気持ちはわかるけれど……　ダメなんだよ、それは……

もしよければ、僕が、ここから君を昇天させることもできる。でも、もし、その前に、天に行く前に叶えたいことがあるというのなら、言ってみて……」

「彼女を……抱きしめたい……」

「抱きしめることはできないかもしれないけれど……彼女の肩に、そっと君を乗せてあげることは僕にもできる……でも一瞬だよ、一瞬しか無理だよ」

「そんなことができるとしたら……一瞬だけでもいい」

「わかった……じゃあ、次に彼女がここを通るとき、僕と一緒に彼女の前に歩いていこう」

そして車を降りて、待っていると、まだ淋しさから立ち上がれていない顔をした彼女が通ったのです。

そのとき、僕は、彼の肩に、いまとなってはこの地上に姿のない彼を、一瞬、そっと乗せたのです。

すると、彼女は、突然、ふと、そこで立ち止まり、なんと、大粒の涙を流したのです!!

そのとき僕は知りました。彼女はその瞬間、恋人の彼を思い、そのぬくもりをリアルに感じて思わず泣いたのだと。そして、そのとき彼もまた泣いていた……

若い男性は、言った。

「……ありがとうございます……もう、気がすみました……

どうか、天に行かせてください……」

そうして僕は、彼を昇天させたのです。


人は肉体が死んでも、心の中の想いは残ります。そして愛は、愛のままで大切な人を思っているのです。

霊という目に見えない存在になってしまったとしても、この世からいなくなったとしても、霊は「目に見えない世界」の中で生きていて、いつまでも、愛する人を心から、いや魂から、思いやっているのです。その純粋な美しいエネルギーは、その霊、その人、そのものであり、それゆえ、相手の心の中にも、大切な何かが、しっかり伝わるのです。

Chapter

2

夢に現れる
神仏のサイン☆

意識の葛藤がない“眠りの中”こそ、
神秘的啓示は起こりやすい!

Episode by Nami

新居はどこ？ 夢の中で自分の居場所を探していた亡き母

みんな、どこにいったの⁉ 教えて‼☆
引っ越し時に起こった出来事

目に見えない世界からの気づきのメッセージは、ときに、寝ている間に見る「夢」を通して、意味深く、リアルに伝えられることがあります。

それは、わたしが作家デビューしたことで、いよいよ神戸から東京に引っ越しするという際に、夢に亡き母が出てきたときの話です。

当時、わたしは、バッグひとつで上京しました。

家具や洋服や持ち物など、それまでの人生のすべてを捨てて！

とにかく過去を断ち切り、上京後の新しい人生を晴れやかに叶えよう！と。

しかし、布団と、仏壇と、子どもたちの学校のものを入れた段ボール数個、その荷物だけは、少ないとはいうものの、引っ越し業者に運んでもらうしかありませんでした。

そして引っ越し業者を呼ぶと、こんなことを言うではありませんか。

「ああ、仏壇なんですが当社の規定で、仏壇だけは一般的な他の荷物と一緒には運べないので、別にご手配してほしいのですが」

「えっ!? 運べないって、どういうことですか!? そんなこと困ります。ちゃんと運んでほしいです。母の位牌だけは何とか自分で抱えて新幹線に乗りますが。

こんな大きな仏壇を運ぶ術など、わたしにはありません。だから引っ越し屋さんに来てもらったんですけど」

「そうですか……。それでしたら、仏壇など特別なものだけを運ぶ車両を別途手配し、ドライバーの予約もする必要があります。それには、あと少しお金がかかりますが、それでよければ当社で手配いたします」

「いや、もちろん、そうしてください。それしかありません!」

「しかし、あらかじめご承知いただきたいのですが、その特別手配の車両は、東京の新居に約一週間後に着く形になります。それで、よろしいですか?

なにせ神戸から中継地点までの車両とドライバー、そして中継地点から東京までの車両とドライバーが必要になるからです。途中、荷物を積み替え、バトンタッチしてから運ぶのですが、バトンタッチしてそのまま運ぶわけではなく、いったん荷物を預かり、ドライバーの予定で運ぶことになるので、そうなってしまいます。

ドライバーの予定もいまぎっしり入ってしまっているもので……申し訳ありませんが、遠距離引っ越しの場合は、どうしてもそのようになってしまい……」

「……いや、それしか運ぶ方法がないなら、しかたありません。それでお願いします！」

いま思えば、ややこしい引っ越し業者です。別の引っ越し業者の見積もりも頼んだらよかったのかもしれません。が、わたしには時間がありませんでした。

それゆえ、そのままお願いしたものの、仏壇だけ数日間、新居にやって来ないということに、なんともいえない不安な気持ちがありました。

本来、引っ越しするとき、仏壇を移動する際には、いったん仏壇の閉眼供養をし、それから、また新居で仏壇の開眼供養をすることになるものです。

しかし、このとき突然、自分が上京を決めたせいで、神戸での引っ越し前の閉眼供養をする時間がありませんでした。お坊様に何とか急ぎで来てほしいと頼んだものの、急な依頼でお願いできず……

どうすればいいのかとご相談しましたら、

「それなら、お母さまのお位牌だけ白いきれいな布にでも包んで、ご自身で抱えるか、バッグなどに入れて運ぶようになさってください。

そして東京に行ってから、あちらのお寺様にお願いして仏壇の開眼供養をなさったら、問題ないでしょう」と。

お坊様がそういうので、わたしもしかたなく神戸での開眼供養をぬきにして、引っ越しすることになったのです。

そして、わたしと子どもたち三人も、カバンひとつに必要なものを詰め、上京。

新居についたその日は、東京のスーパーで毛布を2枚だけ買い（当時、所持金9万円で上京したので、そのときはそれしか買えなかった）、それを床に敷いて、何もないがらんとした部屋で、みんなでくるまって寝ました。

翌日、早朝には、ふとんや学校のものを乗せた引っ越し車両がやってくるから、1日だけのがまん！と。

が、新居について初めて寝たその日から、わたしは奇妙な夢を見ることになるのです。

夢の中で母がわたしの名前を何度も何度も呼び、「どこに行ったの？　みんな、どこにいるの？　家がない、探しているのに、見つからない!!」と言いながら、不安げな顔をして、うろうろしているのです。

そんな夢を見て目が覚めたとき、わたしは仏壇がまだ到着していないから、自分がそれを気にしていたから、そんな夢を見たのだと、たんに、そう思っていました。

しかし、次の日も、また次の日も、死んだ母は夜な夜な夢に現れ、それは、それは、生きていたときの気丈な母とは思えないような不安そうで、悲し気な顔をして、迷い子のように叫ぶばかりでした。

「わたしの家がない！　居場所がない！　いったいどうしたらいいの!?　誰か早く迎えにきて！」と。

あまりにも連日、その夢を見るので落ち着かず、わたしは引っ越し業者に電話して、何とか早く仏壇を運んでほしいと伝えたのです。が、あと数日待つしかないと言われ……眠ると、また同じ夢を見るわけですが、そのたびに母の顔がどんどん暗い顔になっていき、夢の中の母が弱っていくのです。

そんなことがありつつ、ようやく仏壇が東京の家に到着!!

事前にお願いしていた東京のお寺のお坊様も無事やってきて、その日のうちに開眼供養‼ やっと母の位牌を仏壇の中に置いてあげることができたのです。

「お母ちゃん、心配させて、ごめんね。ここに引っ越してきたんだよ。今日からここがわたしたちの家だよ！」

そして、わたしは開眼供養のすんだ仏壇の前にすわり、手をあわせ、東京の新居の住所を伝えたのです。

そのとき来てくださっていたお坊様に仏壇だけが後まわしになった経緯と、母が家を探して、わたしの名を呼びながらさ迷っている夢を連日、見ていたことを話すと、こうおっしゃっていました。

「そうでしたか。きっと、それは、お母さまの霊が夢で新居の住所を教えてほしいと伝えていたのでしょう。

自分も家族の一員ですからね。みんなと一緒に移動して、一緒に落ち着きたかったのでしょう。

生きている家族と同じように、〝どこどこに引越しするよ。今度はここに住むよ〟と、はっきり、動くという事情、住所を伝えてほしかったのかもしれませんね。しかも仏壇が仏様のおうちみたいなものですから。故人の霊とは、亡くなった人の魂とは、天から、自宅の仏壇の中にあるお位牌を経由して、ご家族とつながれるわけですからねぇ……

もし神戸の家を引っ越す前に〝これから東京のどこどこに引っ越しするからね〟と東京の住所をしっかり伝えておいたら、仏さまもご安心なさって、さ迷うことも、夢に出て訴えてくることもなかったのかもしれませんね。

それと仏壇も一緒にトラックに載せてくれる業者さまを使えば、そのようなこともなかったかもしれませんね。

しかし、まぁ、今日、こうして開眼供養し、お位牌も落ち着かれましたので、これで、ひと安心となることでしょう」

そして、お坊さまのおっしゃった通り、その日から母が家を探してさ迷う夢は、ピタッと見なくなりました。

それどころか開眼供養が終わって、母が落ち着いたのか、引っ越してすぐ立て続けに新しい仕事や雑誌のインタビューが入ってきたものです。

そのうえ仏壇にお供えする食べ物が、いろんな方から、わが家に送られてくるようになり、物件のオーナーさんなどは、桐の箱入りの高級メロンや、めずらしいお菓子や、高級食材などを、なんやかんや連日、届けてくださったものです。

　極めつけは、こうです♪

「あなた、裸一貫で上京なさって、家具も何もない部屋にいるとおっしゃっていたわね……もし、よければ、もらってほしい家具があるの……外を見て！　トラックに積んでいるから！

　あれはね、桜の一枚板でオーダーして作らせた高級家具なんですけど、別の部屋に住む娘のためにと用意して搬入しようとしたのに、そんな大きな家具いらない！　趣味じゃない！　と言うのよ。それで荷物を降ろす場所がなくなって、結局、トラックはここで待ってもらっているままなのよ。うちの家にも、もう入るスペースがないし。

　よかったら、お宅にプレゼントしたいの、どうか使ってくださらない♪」

「わぁ、本当ですか!!　むしろ、よろこんで受け取らせていただきます♪

　素敵な家具で、わたしの好みです！　家具はすべて神戸で捨ててきたので、どうしようかと思っていたので本当にうれしいです♪」

　しかも、さっそくわが家に搬入されたその数点のオーダー家具の中には、上京したら一番先に買いにいこう！　と思っていた、最もほしかった巨大な本棚まであったのです！

それを見たとき、わたしはこう思ったものです。

「ああ、母自身、やっと落ち着いたから、今度はわたしのために必要なものを神通力で引き寄せたな♪」と。

仏様を落ち着かせてあげ、仏さまに手をあわせて感謝する日を取り戻すと、うそみたいに日常がうれしい形で潤い始めるから、不思議です♪


ちなみに、その後、東京でも何回か引っ越ししましたが……

引っ越しの当日の朝一にちゃんと閉眼供養し、引っ越し時には仏壇もちゃんと一緒にトラックに積んでくれる業者を使って引っ越しし、着いたその日のうちに開眼供養をしてもらった際には、なにも問題なく、すべてがすんなり落ち着いたものです。


そうしてわかったことは、仏様が落ち着くようにしてさしあげようという気持ちで必要な儀式をしたならば、実は自分が最も落ち着くようにしていただけ、とてもいい流れのある運命になる、ということです。

あちらとこちらは、いつも「目にみえない領域」でつながっているからこそ、大切なことは、率先して、させていただきたいものです。叶えて差し上げたいものです。

Episode by Nami

成功する人たちは必ず見る!?☆潜在意識からの幸運サイン

このハッピー感覚満載の夢を見たら、まもなく、あなたは成功する♪

これも何かしらの霊的作用で見る夢なのか……世に出て活躍する人、成功する人たちが、その前兆のサイン、飛躍の前触れとして、こぞってよく見る夢というのがあります。

その夢を、わたしも作家デビューする半年くらい前から、なぜか頻繁に見ていました。

どんな夢かというと、ズバリ!! 空を飛ぶ夢です!
スイスイ気持ちよく、悠々と、鳥のごとく大空を飛び回る夢です!

その夢は、なぜかいつも同じシチュエーションで始まりました。

どういうわけか、わたしは小高い丘というか、山のような高い場所にいて、そこからまわりを見渡し、爽快感を感じているのです。そして飛べるとわかっており、そのチャレンジに、わくわくし、とてもよろこばしい、高揚する気持ちでいて、思い切り飛ぼうとしているのです。


わたしは、山のてっぺんから、えいっ!! と、なんの躊躇もなく、前方にダイブし、自分のその身をすべて空中にあずけるのです!

すると、ふわっと、本当に気持ちよく、浮かぶんです。この身が!

そして誰に教えてもらったわけでもないのに、両手をこうやって広げればいいという飛び方のコツをなぜか知っており、鳥のように悠々と空をかけめぐるのです。

すると、地上から大きな風圧がきて、どんどん上に引き上げられ、空では後ろから追い風が吹いていて、心の中で、〝こっちに行きたい♪〟〝次はこっちだ!〟と思う方向に身をよじるだけで、自由に、スイスイ、好きな方向に飛べるのです。

そのときの、なんと気持ちのいいことか!!

それは至福そのもの!!


そして、それを感じつくしているとき、目が覚めるのです。

目が覚めたあと、ベッドの中にいても、すごくはっきりとした余韻があって、自分が空を飛んでいた感覚を忘れることができないほどです。

そして「また続きが見たい♪ もう一度、飛びたい♪」と思っていると、何日でも連続して、その空を飛ぶ夢を見ることができるのです！

あの夢の中にあった、なんともいえない気持ち良さ、至福は潜在意識の中から湧き上がったものであり、ここから運命がひらくことを予告していたものだと、デビュー後わかったものです。

また同じく成功して、活躍する人が、よく見る夢があります。

それは、うそみたいにうまくピアノを弾き、自分で作詞作曲した歌を歌って酔いしれている夢です！

それはもう夢の中にいる自分でも感動してしまうくらいのうまさで、「なんで今日はこんなに上手にピアノが弾けるのだろうか♪」と、その才能に自分が驚いているのです。

気がつくと、まわりには大勢の人がいて羨望のまなざしで見ている♪

しかも不思議なのは、そのピアノで弾いている曲は、この世にはないメロディで、これまで一度も、どこでも聴いたことのない曲で、その不思議なメロディにあわせて歌っている歌詞もオリジナルであり、なぜか、その曲と歌詞はセンスよく、ぴったり合っている美しい歌なのです♪

ああ、この歌、現実に世に出したら、すごくヒットするに違いない!! というくらい。ちなみに夢の中で聞いた曲を、朝起きて譜面に起こして作曲したら、ヒットしたという音楽家も実際いるくらいです。

こういった夢は、幸運の前兆現象であり、成功の予告サインとなっていることが多いもの。それゆえ、こういう夢を見たときに、もし、そのとき、抱えている夢や願いや叶えたいことがあり、がんばっているのだとしたら、そのままポジティブにチャレンジし続けるといいかもしれません。

途中経過がどうであれ、きっと、あなたはそれをうまくいかせることでしょう!

Episode by Nami

予知夢という未来からの贈り物☆そのリアルな恩恵

目覚めたあとも、鮮明!!☆ それゆえ、それが重要なものだとわかる

さて、不思議な夢というのがあるもので、夢の中で見た本の表紙を、そのまま編集者に伝えてつくったら、本当に本がヒットしたという経験が、わたしには、度々あります。

そういう夢を「予知夢」といいます。

そのとき、その夢があまりにも鮮明ではっきりしており、目が覚めてからも忘れることができないほどです。もちろん、それを現実にするには、夢と現実を連動させたいという思いと、それを理解し、協力したいという人が必要なのはいうまでもありませんが。

わたしの著書『成功感性』は、まさに夢の中で見た表紙そのままにつくられています!

夢の中で〝未来の書店〟に行ったとき、その本があまりにも、たくさん平積みされており、ヒットしていたので、そのまま夢の通りに本をつくりたい！と、編集者に詳細にデザインなどを伝えて、実際、そうしたことがあります。

当時の編集者が、そういう不思議なものを理解してくれる方だったからよかったわけですが♪

とにかく夢で鮮明に見たその本の表紙を、そのまま再現しよう！ ということになり、出版社から外国人タレント事務所に依頼し、その夢で見たカバーに載っていたイメージのモデルさんを探すことになったのです。

その夢の中で見たカバーに載っていたブロンズの女性の容姿やムードを伝え、いろいろ探してもらいました。

すると何人かのモデルさんの写真が送られてきたのです。その中に、「この人です!!」と、はっきりわかったモデルさんがいました。それがリンダさんです♪

もう即決でリンダさんを採用することになり、急遽スタジオで撮影をすることになったのです!!

そのときの本は、もう笑ってしまうほど、夢で見た通りのものになったのはもちろんのこと、みんなで楽しんでハッピーなムードで本づくりをしたおかげか、発売後はたちまち即日重版!!

その後も連続重版され、そのあと『成功感性2』まで発売されたほどで、それをきっか

けに多くの出版オファーまでいただいたほどです♪

しかも、この本がきっかけで、その外国人タレント事務所の社長さんと仲良くなり、そこから何かとご一緒するようになりました。その方のご紹介で、ある音楽関係の会社の社長とつきあうことになり、恋人までできたのだから、すごい夢でした、ホントに♪


さて話は、また、前頁のことに戻りますが……

夢の中でまるでプロであるかのように上手に弾いたピアノ、自分がつくったすごいメロディ、オリジナルの歌詞のその歌は、その夢の中にしかないわけですが、とにかく、目が覚めたときも、忘れていないことのほうが多いものです。

その曲がどこからどうして誕生したのかはわからないけれど、確かに自分の中から生まれ出たもので、他の誰かの曲や歌詞ではないのです。

自分にしか生み出せない曲であり、自分にしか弾けない曲であり、自分にしか歌えない歌になっていて、とんでもなく不思議で感動的でクリエイティブなもの♪

その夢を見たときも、空を飛ぶ夢を見たときと同じく、大きな余韻があり、よろこびと、幸せな高揚感が、ずっと尾を引くものです。その夢もまた、連日見ることが多いもの。

そして、こういった夢は、すべて、潜在意識から湧きあがってきたもの！

潜在意識は、顕在意識という表面的な意識が休んでいるときに、大きくひらく領域です。何かがうまくいく前は、その予兆を感じとる能力があり、それを夢の中で伝えてくれることがあるのです！

これは生きている霊体である自分の潜在意識＝無意識の領域、すなわち「魂」＝目に見えない高次元の世界からの贈りものです。その夢こそが、まさに、ここからの幸運予告であり、成功への前兆サイン、運命的な誘いになっていることが大いにあるのです！

あなたも、一度、夢をチェックしてみてください。

目に見えない領域から、なにか注目すべき大切なことが、伝えられているかもしれませんよ。

Episode by Nami

お金持ちになる運命の啓示☆ゲンのいい○○○の夢

大金がなだれ込む!!
その夢を見たら、やがて、あなたもお金持ち♪

こんなにゲンのいい夢は他にない！　なぜならば、この夢こそ大金が舞い込み、財運が高まるリッチな幸運予告の夢だからです！

それって、いったい、どんな夢？　ズバリ〝うんちの夢〟です♪

たとえば寝ているとき、トイレに行きたくなる夢を見る人は案外多くいるものです。この夢もまた、トイレに行きたくなる夢の延長線上で見ることがあります。ときには、まったく前後の脈略のないような中で見ることがあります。

どちらにせよ、この〝うんちの夢〟を見ると、そのあと、なぜか驚くほど金運がUPし、財運拡大となります!!　現実として、なにかとちょこちょこ臨時収入に恵まれたり、大金

が入るようになったり、人生のクオリティが、ハイレベルに引き上げられます♪

この夢は、上京してから、そう、理想の豊かさにシフトする前に、やたらと見ていたものです。

たとえば夢の始まりは、たいがい現実の世界では、尿意をもよおすことがきっかけになっているものです。寝ているときトイレに行きたくなっている体のせいで、その夢に誘われるのでしょう。

そんなときに見るのは、たいがいトイレに入りたいのにまともに入れない、まったく用を足せないという夢です。

なぜか、その夢を見るとき、わたしの場合、舞台は学校であることが多い。もう現実にはこんな年齢になっているというのに、なぜか自分が中学生になっているのです。

その学生服の少女のわたしは、まもなく授業開始のチャイムが鳴るというのに、トイレに行きたくてしかたない。が、行くと長蛇の列!!

ああ、ここでは入れない……そう思って他のトイレに行くと、今度は、なぜかトイレに幽霊がいるので怖くて入れない。

しかたなく次のトイレを探しに行くと、なぜか、ひどく汚れている。が、がまんして入ろうと決心するものの、トイレットペーパーがない！

しかたなく今度は、他の学年の階にあるトイレに行ってみる。が、そのトイレはすべてが壊れていて、中から汚ないものが吹きだしており、床が、水と汚物で水浸しになっていて、うんちがぷかぷか浮いているのです！

ええっ!? うそ、ここで用を足さなきゃいけないの!? どうしようかと考えていると、それがわたしを容赦なく包み込む!! そしてキャーッ!! と叫んだところで目が覚めるのです。

そんな夢を見ると、なぜか不思議と、思いもよらぬお金が入ってくるのです♪

また、もっと、すごい大金をくれた、こんな夢もあります！

その夢は、本当に強烈な効果を持っていて、これまで何度か見ましたが、その夢を見ると、必ずといっていいほど大きな契約、大きな報酬が約束された仕事、うれしすぎる臨時収入など、桁外れなお金が入ってきます！

それは、どんな夢？ **ズバリ〝うんちに追いかけられてしまう夢〟です！**

その夢の始まりの舞台は美しい草原♪ トイレとはまったく関係なさそうな場所。そこをひとり、てくてくと、きげんよく歩いていると、遠く前方から、得体の知れない巨大な何かしらの流れが押し寄せてくるのです。

いったい何だろう？ と目をこらして見ていると、あっという間にその流れが目前に迫ってきて……うわぁ!!

よく見るとそれは、うんちの大群!! もう容赦なく、どんどん迫ってくるのです!!

それに気づいたまわりの人たちはキャーッと叫び、蜘蛛の子を散らすかのように一斉に逃げていくわけです。が、なぜか、わたしは立ちすくんでいるだけで、動けない!! が、ハッと気を取り直して、「えらいこっちゃ!! こうしてはいられない!!」と、逃げようと必死で走るのです。でも、そのうんちの大群は、とんでもなく早いスピードでわたしの足元までやってくるのです。

どうしようかとまわりをきょろきょろしていると突然、景色が変わり、見たことのない部屋になり、いきなり二段ベッドがポンッと出現♪

「もう、このベッドの上に昇るしかない!!」と素早くベッドのハシゴを昇り、安全を確保。

ところが、うんちの大群は前にも増して勢いよく迫ってきて、とうとうベッドの二段目までやってきて、わたしをうんちまみれにするのです。

〝きゃー、どうしよう!!〟で目が覚める!

朝、起きたとき、なんともいえない変な気持ちと、おもしろくてしかたない気持ちで笑ってしまうもの♪

このようなうんちの夢を、わたしの場合、特に上京する前の3か月〜上京後の3か月くらいの約半年の間に、しつこいくらい見ていました。

そして、**何が不思議かって、うんちの夢を見た際、うんちを見るだけでなく自分の体にそれがついたり、追いかけられたときには必ず、それまでの人生になかったような、ありえないビッグチャンスがやってきて、想像以上の、いや、想像もしなかった巨富に恵まれる! ということです。**

自力ではなく、なにか背後の大きな力のサポートが絶対にある! と確信できるほどの規模で!

さて、あるとき夢占いの大家で、夢と運命の専門家の先生に偶然、お会いすることがあり、この夢を話したことがあります。すると先生は、こうおっしゃったのです。

「ああ、なんという興味深い夢だろう！　実はうんちは〝金運の象徴〟なんですよ、夢占いでは。僕のところで夢鑑定した人の中にも、うんちの夢を見た直後に、お金持ちになった人は多くいます。

しかし一般的によくあるのは、トイレで用を足している夢とか、道でうんちを踏んづけたとか、そういう夢です。

あなたのように逃げても、逃げても、うんちに追いかけられるとか、体がうんちまみれになる夢を見て、そこから、そんなに豊かになった例は珍しい!!

もし、よければ、僕のメルマガや文献で紹介させてもらってもいいですか？

いや、あまりにも、おもしろく、興味深い夢なので」と。

Episode by Nami

夢に現れたあらくれ者の龍☆それを救ったら、事業繁栄

夜な夜な夢に現れて救いを求める存在は救いの主になった!

これは、あるお菓子メーカーの社長が見たという龍神の夢のエピソードです。

彼は、祖父から代々続くあるお菓子メーカーの社長をしていました。

しかし時代は移り変わり、食生活や嗜好品にも変化が起こり、菓子業界でも新製品が次々に世に出ており、自分の会社の製品は古臭い、時代遅れのものであるとされる風潮の中にいました。

そして、まわりでも彼の会社と同種のお菓子を扱う小さな工場は、時代の変化についていけず、次々と倒産していったのでした。

その様子を見ていて、とても他人ごとではありませんでした。

実際、自分のところもいつ潰れてもおかしくない状態にあり、もはや赤字が何億円もあったからです。

そんな中、彼は毎日、仕事の方向性や新製品を考え努力する一方、人員削減したり、金策などで、とても苦しい日々を送っていました。

しかし、もはや、なにをやってもうまくいかず……「もはや潮時か……会社をたたむしかないのか……」と考えるようになっていました。


そんなある夜、実にいやな夢を見たのです。

それは、寝ている彼の布団の上に何匹もの龍が乗ってきて、悪さをし、こてんぱんにやられるという夢でした。

「ああ、なんという気持ちの悪い夢!! ……よほど、心身が疲れていたにちがいない……」

しかし次の日も、また次の日も、自分が寝ているふとんの上に龍が乗ってきて、大暴れしては、容赦なく、自分を痛めつけにくる……こてんぱんにされ……

もう、毎晩、寝た気がしませんでした。

そして、遂に「今度、夢に出てきて悪さをして暴れるならば、夢の中であっても戦おう!」と、そういう気持ちになったのでした。

その夜、寝ると、また案の定たくさんの龍が現われ、自分をやっつけに来たのです。ただし、起きていたときに決心していたように勇気を出して、戦うことにしたのです。

しかし、なにをやっても手ごたえはなく彼は、その夢の中で、こう言ってみたのです。戦ってもダメなら、こうするしかないと。

「龍さんたちよ、あんたがた、なぜ何も悪いことをしていない俺を夜な夜なやっつけにくるのか!?

こっちは自分の生活もかえりみず、社員のため、取引先のためにと一生懸命、みんなを守り、会社を守り、生きているんだ!

感謝して謙虚に、手をあわせて生きている俺の姿を見ていなかったのか!?

これ以上、俺を苦しめないでくれ!!

もし、これ以上やるというのなら、不動明王の神通力を使って、本気でやっつけるぞ!!

あるいは、もし祀ってほしくて出て来ておるというのなら、しっかり社屋で祀らせてもらおう!

しかし龍さんたちよ、約束してほしい! ちゃんと祀らせてもらうかわりに、どうか社員を守ってくれないか! 社員たちの生活を守れるようにしてくれるなら、しっかり社屋で永遠に手厚く祀るとこちらも約束しよう」

すると、どうでしょう! それまで暴れていた黒い色をしていた龍たちが、たちまち美しく光り輝く〝黄金の龍〟に転身し、よろこんで大空高く舞いあがっていったのです！

気づいたとき社長は、布団の上に座っていました。

〝いや、待てよ……　あれは龍の夢を見ていたのではなく、龍が夢枕に現れたのであり、俺は起きて対峙していたということなのか!?〟


なんと、不思議な!!


このことに何か大きな意味があるにちがいないと思った社長は、さっそくお宮をつくる職人を探し、龍を龍神様としてお祀りすべく、すぐにお社をつくりたいと申し出て、２週間で仕上げるよう依頼したのです。

そして、龍のお社が完成した日、龍を祀る儀式を行ったのです。

そこから毎日、欠かさず手をあわせ、お供えものをし、ひたすら感謝し続けたのです。

その行為を朝夕欠かさず行いました。


不思議なことに、**龍神様の前で手をあわせていると、なにかとアイデアが次々と浮かび、**

それを素直に実行するたびに大きな結果となり、会社の売り上げが大きく回復したのです!!

それどころか何億円もあった負債が一気に返済できるほどとなり、自分が個人で持っていた株でも、予想外の大きな好結果を出すことができたのです!!

ちなみに龍神様は、人の心を、世の中を、明るく照らし、平和に調和させる働きを持つものです。また世のため、人のために働きかける神さまであり、世のため、人のために尽力している陰徳のある人につくものです。

人々に、世に、貢献し、善行を行う人や、世に出るべき人につき、大きなご加護とサポートをしてくださる神さまなのです!

では、なぜ龍は人柄がよく、努力家で思いやり深く、徳のある社長のところに、一見すると、怖い現れ方をしたのでしょうか?

とりもなおさずそれは、〝その荒れ狂う龍の姿そのものこそ、世の乱れの象徴〟であり、それを伝えんとするためであり、それを鎮め、改善する役目を社長にお与えになったということなのです。

ちなみに、この社長のことは、よく存じ上げていますが、本当に心根のお優しい方で、思いやり深く、誰にでも親切で人のためによく動いておられる方です。

龍神様は、暗闇や迷いの森やどん底にいても、前むきに努力し続けようとする者に、ひとすじの光明をお与えになるものです。そして、そのとき、そのわずかな光に気づき、自発的に立ち上がろうとした者を、そこから一気に引き上げ、お救いになるのです。

Episode by Nami

霊的能力がUP!!☆不思議な白蛇さまの夢

生々しい体験のある夢は、いつもリアルな現実とつながっている♪

目に見えない世界が視えるという人は、この世の中には、案外いるものです。その方たちのエピソードを聞くと、幼い頃からなにかがわかる不思議な能力がうっすらあったり、臨死体験によってそれが高まったり、あるいは何らかの霊的修行や訓練によって体得したりと、さまざまなケースがあります。

ちなみに、わたしの場合は、前作『佳川奈未の霊界通信』（ビジネス社）にも書いた通りですが、ここで手短にお伝えしますと、10歳のとき一人で部屋にいたところ、突然、部屋全体がぐにゃ～とねじれて、ワープして未来の自分を視たことから始まりました。

その後、17歳で尼寺に通い、19歳で霊感が降り、２００９年に高野山で得度したことによって、さらにいろんなことがわかるようになっていきました。そして、その後、大病をして、臨死体験した際から、かなり顕著に「視える・聞こえる・わかる」という能力（チャネリング能力、霊視能力、クレアボヤンス）が自然に開花したということです。が、その能力が、もっと各段にレベルアップするきっかけがありました！

そのきっかけとは、ズバリ、不思議な〝白蛇さまの夢〟を見た、そのときからです！

その夢は、前後の脈略なく、なんの物語もなく、いきなり始まったかのような、ダイレクトなものでした。

わたしは、どこかの知らない道端に立っていました。すると、突然、目の前に、たくさんの大蛇が現れたのです。もう、あたり一面、大蛇だらけ。強烈にインパクトある景色！それなのに、わたしは、まったく、その蛇さんたちが怖くありませんでした。むしろ興味深い気持ちで、「わぁ、大きな蛇さんたちがいっぱいいる！いったい、ここから何があるのだろう」と、そんなことを思いながら、ながめていたのです。

すると、わたしの目の前で、後ろ向きで、トグロを巻いて座っていた蛇さんが、突然、くるりとこちらを向き首をもたげて、まっすぐ顔をわたしのほうに向けたのです。

ハッと息をのんで見ていると、灰色だった蛇さんが、たちまち、〝美しい白蛇さま〟になって、わたしとバッチリ目をあわせたのです！

白蛇さんの目は、じっと、わたしの目をとらえ、ピカッと光ったのです。それは、まるで、なにか、すごい力を伝授してくれたかのような見つめ方!!


そのとき、わたしは**大切なことを頼まれているのだと、直感的にわかりました。**

だけど、何を？　こんなわたしに何を？　いったい蛇さん、わたしにどんな用で？

すると今度は、こんな言葉がはっきりと聞こえたのです。

「まかせたぞ」

その言葉を聞いた瞬間、わたしは目が覚めたのです。


それは、あまりにも鮮明で、強烈なインパクトでしたので、しばらく忘れることができませんでした。というか、忘れてはいけない！と、思っていました。

そして不思議なことに、その夢を見た日から、わたしのチャネリング能力（霊視、クレアボヤンスの能力）が各段に高まったのです!!

もう、人の気持ちなどは手に取るようにわかります。頭の中でごちゃごちゃ考えていること、潜在意識的に抱えていることや、日頃からの口ぐせや態度、思想が、あれこれはっきりわかるようになったのです。
しかも相手が目の前にいなくても、その人のさまざまなことが目の前で映画のようにくり広げられ、鮮明に視えるようになったのです。

視えたとて、どうすればいいのか？　この能力を使って、何を？

この能力が授かったからといって、わたしはすぐにそれを誰かに提供することはしていませんでした。
が、その能力を誰かのために提供するというのは、なにも、何かを〝当てるため〟ではありませんでした。

そうではなく、悩み、苦しみ、もがく人、生きづらくなっている人の話を聞き、その方の苦しみや辛い人生や生きづらさの原因を見てとって、その方にお伝えし、その方自身の

郵便はがき

料金受取人払郵便

牛込局承認

9026

差出有効期間
2025年8月
19日まで
切手はいりません

162-8790

東京都新宿区矢来町114番地
神楽坂高橋ビル5F

株式会社ビジネス社

愛読者係 行

ご住所 〒 TEL:　　(　　)　　FAX:　　(　　)		
フリガナ お名前	年齢	性別 男・女
ご職業	メールアドレスまたはFAX メールまたはFAXによる新刊案内をご希望の方は、ご記入下さい。	
お買い上げ日・書店名 年　月　日　市区町村　書店		

ご購読ありがとうございました。今後の出版企画の参考に
致したいと存じますので、ぜひご意見をお聞かせください。

書籍名

お買い求めの動機

1　書店で見て　　2　新聞広告（紙名　　　　　　　　　　）

3　書評・新刊紹介（掲載紙名　　　　　　　　　　）

4　知人・同僚のすすめ　　5　上司、先生のすすめ　　6　その他

本書の装幀（カバー），デザインなどに関するご感想

1　洒落ていた　　2　めだっていた　　3　タイトルがよい

4　まあまあ　　5　よくない　　6　その他(　　　　　　　　　　)

本書の定価についてご意見をお聞かせください

1　高い　　2　安い　　3　手ごろ　　4　その他(　　　　　　　　　　)

本書についてご意見をお聞かせください

どんな出版をご希望ですか（著者、テーマなど）

気づきを通して、復活していただき、人生の軌道修正をしてていただき、より良い方へ進んでいただくためのものだったのでしょう。


その瞬間は、ある日、やってきました！

「ここからだ、頼んだぞ」と、その声の合図で！

その声は、まさに夢の中で白蛇さまから聞いた声と同じものでした。

そのとき、わたしは、まず、なにから、どこから、それを始めたらいいのかと、考えていました。

が、その後、世界中にウイルスが蔓延し、誰もが思うように外出できなくなったことで、苦しい生活や、生きづらい気持ち、絶望を抱える人がどんどん増えていきました。

そのとき、わたし自身も、講座やセミナーなどの活動を自粛することを余儀なくされていました。が、突如、「会えない中でも電話でつながれ！ 待っている者がいる」という言葉がやってきたことで、電話というツールを通して、人さまに役立つような形で提供させていただくことになったのです。

そして、次に、その状況の中でしか書けないことを書こうと、辛い環境の中での生き方や、心の持ち方の大切さや、大自然の法則など、いまこそ気づくべき大切なことをと、そんなテーマで本をたくさん出したのです。

そのとき、ハッと気づいたのです。「頼んだぞ」とは、何を頼まれたのかということを!!

それは、突拍子もない、奇をてらったことではなく、ある意味、まっとうなことでした。いつからかねじれ、おかしくなってしまった世の中を、微力であっても、たった一人、自分だけであっても、軌道修正できるような、きっかけになる何かを、いまの等身大の自分で素直に発信することだと。

また、その世の中をつくっている人の心の在り方、生き方を、自然に戻すことだと。

大自然の摂理に沿って生きることの大切さを、人間が本来持っているあたたかい心や情を取り戻すことの大切さを、子を持つ親である者が母性や父性を取り戻すことの大切さを、自分より良いものをいたわる優しさを持つことの大切さを、神仏や大切なものを敬うことを!

そして、神さまから聞いた人間として心得ておきたいことを!

あの白蛇さまは、わたしをもう一度、自分のミッションに、夢に、志に、向かわせるために現れたかのように思えました。実際、それ以外ないのです。

「視える・聞こえる・わかる」という能力が高められたのは、私自身に「聞けよ！ 人の心を！ その真実を！ そこからこそ、はじまるぞ」と、この地上ですべき仕事をまっとうさせるためだったのかもしれません。

とにかく不思議な夢というのがあるもので、人は不思議な夢を見たときに、それにどんな意味があったのだろうと、考えてしまうこともあるものです。

しかし本当は、その夢を見たことで、すべてが腑に落ちる何かが、その人の中にだけあり、本人だけがわかる重要なことがあるものです。それゆえ、そう理解していいのです。

いつでも、夢の意味は、他人に「こうだよ」と、押し付けられるものではなく、自分が心の奥で、わかる何かをキャッチしたらいいだけなのです。

そしてキャッチしたときから、なぜか不思議と、その人の運命好転が叶います！

それで、その夢の役割はそこで果たせたことになり、一件落着となるのです♪

Chapter

3

人・場所・状態にある霊的現象☆

起こることには意味がある！
そして、そこから幸運へと導かれる！

Episode by Yasushi

霊視の力が強くなったきっかけ

それはまだ5歳の頃のこと☆ たった一つの出来事から不思議を体験

実は僕の場合、5歳くらいの頃から、人ではないもの、この世の者ではないもの、目に見えない世界の領域のことが、なぜか視えるようになっていました。

なぜ、そのような力が授かったのかはわかりませんが、とにかくいろんなことがわかったのです。

その力が霊能力として、人さまのお役に立てるような形で使われるようになったのは、ある経緯からでした。

それは幼稚園くらいのときのことです。

まだ幼かった僕は、とても不思議な体験をしました。

ある日、うちのおばあちゃんが僕を呼んで、こう言ったのです。

「かわいそうなお地蔵さまがいらっしゃる場所があるから、一緒に行って救ってあげようよ」と。

僕は何もわからず、おばあちゃんに手を引かれて、ついていくことに。


行ってみると、そこには、わぁっ！と圧倒されるほどたくさんのお地蔵さまが野ざらしの状態で、乱雑に置かれていました。ちゃんと立っているお地蔵さまもあれば、横に倒れているお地蔵さまも。


それをしばし黙ってみつめていたおばあちゃんは、こう言ったのです。

「このお地蔵様を台車に入れて、積んで帰るから、手伝って！」と。

そして、「自宅の中庭にでも置いて、きちんとお祀りしてあげよう」と。

僕とおばあちゃんは、そのお地蔵様をたくさん車に積んで帰ったのです。とにかく、なんとかしてあげたいと、助けたい一心で。


そして、その、たくさんのお地蔵さまを家に持って帰った日のことです。

僕は突然、原因不明の高熱、それも40度もの熱が出たかと思うと、なぜか両足が石のように固く重くなってしまい、動かなくなってしまったのです。

そして歩くことも、できなくなったのです。


母親は、びっくりしてしまい、すぐに僕を病院に連れていきました。が、医師からは「原因不明」と言われてしまい、困惑しながら家に帰るしかありませんでした。

そこから何日も歩けない状態のまま、過ごすことになってしまったのです。


しかし、このままではいけないと、母親は、わらをもすがる気持ちで霊媒師を探したのです。その霊媒師は来たとたん、こう言ったのです。

「これは、どえらいことになっておる！ 非常によくない者がいる！」

そう言ったかと思うと、霊媒師は母親にこう聞いたのです。

「こんなことになるとは……一体、なにをした!? この子がこうなる前に、なにかおかしなことはなさらなかったか!?」

「……それが……お地蔵さまを持って帰ってきた日から、こうなってしまい……」

「それは、いま、どこに？」

「中庭です」

それを聞いた霊媒師は、急いで中庭まで行くと、こう言ったのです。

「お地蔵さまを、すぐに元の場所に返しなさい！ 原因はこれです！」

「えっ!? お地蔵さまを!? うちで大事に祀ってあげようと思っただけなのに。野ざらしにされていたものでお地蔵さまがかわいそうで」

と、そばにいたおばあちゃんがすかさずそう言うと、霊媒師は、そのお地蔵さまのあった場所を聞き、そのとたん、

「あんた、知らないのか!! あんたの行った場所は、無縁墓地なんだよ！ 無縁墓地の石碑となっているお地蔵様を持って帰ったということであり、そこで眠っていた霊の障りを受けておる！ すぐに、みんなでお地蔵さまを元の場所に返しに行き、霊に謝ることだ!!」

「えっーー!? いや、まさかそうとは知りませんでした。でも、とにかく、すぐに元の場所に戻しにいきます!!」

驚いたおばあちゃんと母親は僕を抱え、一緒に車に乗せ、さっそくそのお地蔵さまを元

の場所に返しに行ったのです。そして、霊媒師にご祈禱してもらい……

すると、なんとも不思議なことに、その日から足の重さがスーッと引き、元の状態に戻り、僕は歩けるようになったのです！

そこから、そもそもあった僕の霊視の力は、どんどん強まっていったような感じでした。

その続きを、次の項でも、お伝えしましょう。

Episode by Yasushi

人に見えないものが視えるということ

それは当初、苦悩すべきものであり、
それ以外の何物でもなかった！

小学校に上がったときの僕は、何かが視えたり、わかったりしたことをふつうに何でもそのまま口にしていました。

「お母さん、隣のおばあちゃん、もうすぐ病気で死ぬよ」

「あそこの会社はつぶれるよ」

「あの家、火事になるから、大変だよ」

「隣のおじさんは今度、社長になるよ」

「駅前にできた新しい店は流行るよ」

などと。そして、そういうことは、なぜか、いつも現実に。

そんなことがあるたびに母親は驚いて、僕にこう言って釘をさしたものです。

「変なことを言うものじゃないよ！　もし人前でそんなことを言おうものなら、大変なことになるからね、二度と言っちゃダメだよ！」と。

しかし、おかまいなしに、いろんなことがわかってしまい、道を歩いていても、いろんな霊がそこらにふつうにいるのがわかり、そのたびに、なにか話しかけてこられたものです。


また中学生になった頃には、さらにいろんなことがわかるようになっていきました。

そんなある日のことです。教室の掃除をしていると、先生が「もっと、きれいにしろ！」と、怒鳴りつけてきました。それで僕は思わず、こう言ってしまったのです。

「先生、ここをどんなに今日、きれいに掃除しても無駄ですよ。掃除する意味ないですよ。だって2日後には学校は水浸しで、とんでもないことになりますから」

すると本当に、その2日後に豪雨がきて川が氾濫し、実際に、学校の教室は水浸しになってしまったのです。


そんなふうに視えたり、聞こえたりすることが、大人になるにつれて、どんどん強まり……霊の世界のことだけでなく、人の気持ちや前世、人が口で言っていることと、お腹の中で言っていることがまったく違うことなど、ありとあらゆることがわかるようになり……

そのせいで、ときには、もう本当に人間不信になりました。また、いろんな霊が自分を頼って、すがって、助けを求めてくるので気が狂いそうでした。

僕は、いつからか自然に、自分に宿ってしまったこの能力が苦痛で仕方なくなっていました。なんなら「消えてほしい!!」と毎日、そればかり思っていました。

視えたり、聞こえたりすることは、もはや苦痛以外の何物でもなく、ちょっとでも何か真実を言おうものなら、おかしな人間扱いされ、人が離れていくこともしばしばで、僕にとっては、何一ついいことなどなかったのですから。

そして、あるとき、「この能力を消してほしい!!」と、あるお寺の高僧（非常に霊験のあるお方）を探し当て、訪ねることにしたのです。

次の項でも、続きをお伝えしましょう！

Episode
by
Yasushi

本格的に霊視の道へ☆その意外な流れとは!?

この力を消して!! もう何も視たくない！
知りたくない！ その先の運命

視えたり、聞こえたりしたからといって何もいいことなどない！と、そう感じていた僕は、「この能力を消してほしい!!」と、あるとき、お寺の高僧（非常に霊験のあるお方）を探し当て訪ねたのです。

「お坊様、お願いです!! 僕の、この霊的な力を、もう消してください!! 取ってください!! ふつうの人にしてください!!」と。

しかし高僧は、こう言ったのです。

「いや、それは取る必要がないよ。しかも、あなたは○歳になった、○年の○月○日から人のために霊視することになる。人を救う道に入る。そして、すごい能力を発揮することになる！」

そんなことを言われても……　当時の僕は半信半疑でした。

いや、どちらかというと「そんな仕事など、するものか」とさえ思ったほどです。とにかく取ってほしいだけの能力でしたから。


その後、僕の人生は、とても生きづらいものであり、社会に出ても、人になじめず、職場でもうまくいきませんでした。なんでもわかるとは僕にとっては、そういうことでした。

そして、あるとき、とうとう職を失い、お金を失い、身も心も壊れて……トイレにいくと、大量の血尿が出るほどに……


しかし僕は、何も困りませんでした。

〝どうせ、この先も、こんなややこしい状態を抱えながら生きるくらいなら、自然に死を迎えてもいいのかなぁ〟とさえ思っていたのですから。


それにしても、もう食べ物を買うお金もあまりない……このまま死んでしまうのか……

だけど死ぬ前に、大好きだったお酒を、ちょっとでいいから口にしたい……

そう思って財布をあけると、わずかな小銭がありました。

「ああ、これっぽっち……しかし、たった一杯くらいなら飲めそうだ……」

そう思って、昔、行ったことのある、安い居酒屋に入ったのです。

「お酒……コップに一杯だけ、お願いします」と。


あてのおかずなど何も注文できませんでした。それでもいい……ただ僕はその一杯を、人生のラストに口にするものになるかもしれないと、ちびり、ちびりと、ゆっくりゆっくり飲みながら、店に置かれていたテレビをボーッと見ていたのです。

すると、なにやら隣にいた女性3人組のお客がワーワーと大きな声で話はじめたのです。

「困った、困った、どうすればいいのか!?」などと言って。

耳に入ってくる話からすると、それは、なにか仕事上のトラブルのようでした。が、その話が耳に入って来た瞬間、僕には解決策が勝手に視えてしまったのです。


しかし、関係ない……誰にも何も言うまい……

こんな視える、わかる能力など、もう使いたくもないのだから……


それにしても、あまりにも大きな声でギャーギャー騒ぐので、つい僕はこう言ってしまったのです。

「あのぉ、ちょっと声のトーンを落としてもらえませんか。僕、今日は静かに飲みたいので……それに他のお客さんにも迷惑ですよ、そんなに騒ぐのは」

すると、その「困った、困った!!」と騒いでいた年配の女性が、こちらをパッと見て、じっとにらんだ。

その感じに耐えられなくなり、その瞬間、なんと、つい僕はこう口走ってしまったのです。

「そんな困った困ったと騒がなくても、それはこれこれこういうことだから、こうしたらおさまるし、○○したら仕事はうまくし、約束のお金も入ってくることになるから、心配せんでもいいよ」

すると、その年配の女性は一瞬、きょとんとし、続けて僕にこう言ったのです。

「あんた、何も知らないくせに！ 何でそんなこと、言えるわけ？ 視えるとでもいうの？」

「はぁ……まあ。ですが、そんなこと関係ありません。とにかく、あなたたち、僕に静かに飲む時間をくれませんか……」

するといた女性たちは静かになり、僕は最後のひと口を飲み干し、店を出たのです。


そんな事があった、数日後。

今夜はどうやって長い夜を過ごそうか……と思いながら、未来が見えない自分をあてもなく外に向かわせ、歩いていたときのことです。

最後の酒を飲んだ、あの店の前をたまたま通りかかると、その店の前に、なにやら数人の年配の女性たちが並んでいるではありませんか。


なんだろう……と思いながらも、そこを通り過ぎようとすると、なんと、いきなり、その中の女性のひとりがやってきて僕の手をひっぱって、こう言うではありませんか。

「ちょっ、ちょっと!! 待って、あなた、この間のお兄さんでしょ♪

実はわたし、あのとき、あなたが言ってくれた助言の通りにしたら、壊れかけていた仕事がうまくいき、大きなお金が入ってきたのよ！

それで、また、あなたに会いたいと思って、ここで待っていたのよ!! 待っていたら、

また、あなたが来るかもしれないと思って♪

とにかく、お礼が言いたかったの！ 本当に、あのときは助けてくれて、ありがとう!!

あなた、ここで今夜、お酒を飲みたくない？ 中に入って！ ほら」

と、店の中に引きずり込まれてしまったのです。


「いや、ちょっと待ってください……困ります。僕、お金を持っていないので……」

「わたしがごちそうするわ。この間のお礼に！」

「いや、お礼なんていりません。それに解決したなら、よかったですね。これ以上、僕には何も言えることはありませんので」

「そんなことないわ！ まだ用があるのよ、わたしのほうでは！

他にもどうしても視てほしいことがあるの♪

それにね、この間のあなたのことを、ここにいる友人たちにも話したら、みんな視てほしいというのよ♪ だから、お願い、ちょっとだけ店に入って！

さぁ、遠慮しないで♪」

店に入り、椅子に座るや否や、その女性は焼き鳥やなんやと、おかまいなしにたくさん料理を注文。そして、できあがってきたものをすべて僕の前に。

食べる物にも事欠いていたので、内心、救われた!! という思いでいました。いや、本当に助かった！

……人間、どん底にいて、何の気力もわかないときでも、哀しいかな、おかまいなしに、お腹は空くもの。

そして年配のその女性は、笑顔でこう言ったのです。

「さぁ、なんでも食べてね！ 好きなものをなんでも注文してちょーだい。今日は、おごりよ！ あなたに、まだ視てほしいことがあるのだから♪」

その日、僕はごちそうになりながら、女性たちの話に耳を傾け、夢中で霊視で視えたこと、わかったこと、解決策を伝えていたのです。

それを終えたとき、これでひとつ役目は終わったと、やれやれと思った……

そして、女性たちの知りたいことすべてに答え、やっと帰れると立ち上がったとき、

「どうか、お礼として、これを♪ わたしたちは、あなたに救われたから。

それに、今日も別件を視てもらったから！ ……本当に、ありがとう」

と、気づかって新しいボトルを僕の名前で入れてくれたのです。

そして家に帰ってから、ふと思い出したことがありました。

「あっ、そうだ、もしかして!!」と。

そう、かつて訪ねた高僧に言われた言葉を！

「あなたは人を霊視するようになる」

そして伝えられた、その月日は、いったい、いつのことだったのかと！


そのことを、**書き記したノートを探し出し、見てみると、なんと！ それは女性たちに手を引かれて店に入り、求められて霊視したまさにその日であり、高僧から告げられたその通りの日だったのです！**

それから不思議なことが起こるようになりました。

そう、誰に何を宣伝するわけでもないのに、なぜか多くの人々がどこからか、僕のもとを訪ねて来てくれるようになったのです。

そこから僕は、「無気力に何の目的もなく生きるより、これからは人さまや神仏の役に立つことをして生きてもいいのかもしれない」と、腹に決め、この能力を生かすことにしたのです。

こういう形で生きる道もあるかと、また、それだからこそ大切なことを、その人が幸せになることを、心から誠実に伝えていかなくてはならないと、そう思うに至り、いまがあるというわけです。

Episode by Yasushi

商売繁盛の秘密☆80代のおばあちゃんの店に居る者!?

流行する店には〝人を呼ぶ霊〟がいる☆
その正体は、一体、何!? 誰!?

これは僕もよく行く、なじみの店の話です。

その店は同業者や近所の人たちみんなが口をそろえて、「なんで、あんな店が繁盛しているのか、さっぱりわからない」と言うほど、連日大盛況の飲み屋です。

というのも、その店は新しい美しい、流行りの店でもなく、若い美しい女性を雇っているわけでもなく、店が広くて居心地がいいというわけでもなく、なにか手の込んだおいしい料理が出るというのでもなく、ごくふつうの突き出しと、お酒があるくらいだからです。

どちらかというと、古い狭い店。しかもカウンター一列しかない。

その一列も狭い感覚で椅子が置かれていて、人がたくさん横並びに入ると、もう、ぎゅうぎゅう詰めになり、隣の人と肩が当たるくらいの狭さ。

しかも、その店を切り盛りしているのは、なんと！ 80代のおばあちゃん姉妹2人!!

しかし僕は、知っています。その店の繁盛の秘密を！
そして、おばあちゃん二人もわかっています。何がそこにあるのかを！

ズバリ答えは、その店には、あるときから、〝人を呼ぶ霊〟が居座っているということです！

その霊の正体とは⁉ いったい、誰⁉
それは、その店に連日、足しげく通っていた常連の男性です。

彼は仕事が終わると、毎晩、そこに立ち寄って飲むことだけを楽しみにしていました。
ところが病気で亡くなったのです。

彼が亡くなったときから、この店で不思議な現象が起こるようになりました。いつもその人が座っていた席で物音がしたり、影が視えたりと。

といっても、その店の店主であるおばあちゃんたちはふつうの人で、霊感などない人たちです。が、彼の姿を店内で何度も目撃しているのです！

そして亡くなってまでも、まだ通っていることに心うたれて、店が終わったあとは、そっとお酒やおつまみを置いて帰り、霊をなぐさめていたのです。すると霊のほうも理解してくれたことをうれしく思い、よろこんで、ずっとその店にいることになるわけです。

そこから繁盛するようになったわけです！


では、なぜ霊は人を呼ぶのか？

ズバリ、それは、〝さみしいのがいやだから〟です。

この男性の霊の場合、とてもさみしがり屋であり、みんなとわいわい騒ぐのが好きだったといいます。

それゆえポツンとこの店にいるのはさみしいので、人を呼ぶのです。

店の人も、あまりにも人が入ってくるので、しかも初めての人がたくさん来るので、お客さんにこう聞いてみたといいます。

「なぜ、こんな小さなうちの店に？　誰かの紹介？」

すると、みんな、こう言うといいます。

「なんだかこの店の前を通ったら、入りたい気持ちになり、入らずにはいられなくなり、入ってみました♪」と。

そして僕自身がその店の中で見た光景は、いつもの自分の席に座り、隣の人の話を聞き、うなずき、ときには店に置いてあるカラオケ用のマラカスをふり、歌まで楽しんでいるその男性の姿でした。

僕がその光景をじっと見ていると、おばあちゃんたちは、僕が霊能者だと知っているので、いつも、こう言ったものです。

「この人（この霊）、よそに連れて行かないでね」と。

「いや、もちろん連れて行きませんよ（笑）」

「わたしたち、ちゃんと、この店で、この方を手厚く、心をこめてお供えものして、供養しているつもりやからね」

「わかってます」

あるとき、僕は、他の店に飲みに行ったとき、そこのオーナーに、何気なくこの霊の話をしたことがあるのです。ちなみに、こちらの店は、いつもガラガラでした。僕はたまに静かに飲める店があることが心地よかったので、閑古鳥の鳴いているこの店も好きでしたが、当のオーナーはお客さんが来ないことを嘆いていて、僕にこう言ってきたのです。

「先生、その、〝人を呼ぶ霊〟とやらを僕の店にも連れて来てください!! お願いします!! どうか！ どうか!!」

あまりにも懇願され、そうだなぁと考え、あの男性の霊に相談したことがあるのです。

「ここが好きなことはわかっているよ。でも、他にもちょっと紹介したい店があるから、一度だけ僕と一緒に行ってくれない？ 一度だけでいいから」

すると、男性の霊は「ああ、いいよ。僕も飲むのが好きだから」とついて来てくれたのです。

そして、人気のない店の前まで来たとき、その男性の霊はピタッと立ち止まって、動かなくなったのです。

「いったい、どうしたの？」僕が聞くと、なんと、その男性の霊はこう言ったのです!!

「いやだ!! こんな店!! 入りたくない!! 元の店に帰る!!」と。

足早に男性の霊が帰るので、追いかけて理由を聞いてみると、なんと、こう言うではありませんか。

「あの店、暗くて陰気やから、いやや!!」

えっ!? 幽霊はふつう、暗くて陰気なところのほうが好きではなかったのか!?

そこで**僕は知ったのですが、「商売繁盛を叶える霊」＝お店にたくさん人（お客様）を呼び込む霊というのは、みんな明るく、にぎやかで楽しい場所が好きだということです。**

陰気さや、さみしさがなく、ハッピーな場所が好きだったのです！

ちなみに悪霊は、この反対です。暗くて、陰気で、じめじめしたところを好みます。

霊でも、人（お客さん）を呼び、商売繁盛を叶えるような霊は、他の霊とは違い、ご陽気で、楽しむ心を持っていて、楽しい場所にいるものです。

そして、たいがい、そういう霊は生きているときから楽しい場所や、にぎやかな場所、人と話すことが好きであるものです。

それゆえ、その自分の好きな楽しく過ごせる場所がなくなるといやだから、そうならないよう、お客さんを呼び込み、長くその店が続くよう繁盛店にするということだったのです！

そして、その霊は僕に、〝二度と陰気な店に誘うなよ！〟とばかりに、こう言ったものです。

「おかしな店に連れていくなよな！　楽しくないと、帰るからね！」と。

Episode by Yasushi

立地は良い！ のに、どんな店が入っても潰れる理由

文句なしの好立地が引き起こす〝負の連鎖〟の原因は、いったい何⁉

あるとき飲食店を経営する男性から、こんな相談がありました。

「先生、とにかく、あそこを借りて商売してから、まったく人が入らず困っているんです。商店街の中にあり、近所の人もたくさん店の前を行き来しており、場所は悪くないはずなのです。しかし、どんなに宣伝しても、どんなに良い食材でおいしいものをサービス価格で提供しても、ぜんぜん、誰も来てくれない。

このままでは賃料ばかりかかり、お金もまわらず……

いったい、どうして、お客さんが来てくれないのか、一度、視てほしいのです」

そこで一度、その店に行って見たのです。

そこは、まさに商店街の中にあり、立地条件は抜群！ しかも多くの人が通る場所。しかし不思議なことに、その両隣の店はみんな、満席。相談者の店だけ一人たりとも人が入

って来ない……

話を聞くと、この物件では、これまで、いろんな人がさまざまなお店をやっていたとのこと。しかし、どの店も人が入らず……

しかしそうとは知らず、不動産屋から、「いい場所が空きましたよ」と聞いたので、契約したというのです。

その問題の店の中に入ってみると、人が入らない理由が、すぐにわかりました。

というのも、そこには、前の店の経営者たちのネガティブな〝残留思念〟が、巨大な負のエネルギー場をつくっていたからです！

同時に、はっきりと視えた光景があります。

それは、前に、この店にいた経営者たちの誰もが、「困った、困った」「どうすればいいのか」「どうやって、お金の工面をしたらいいのか」と悩み、もがき、苦しんでいる姿でした。

こんな負の〝残留思念〟と、亡霊のような前の店のオーナーたちの苦しむ姿が店内いっぱいに充満していては、誰も入ることができないのは、無理もありません。

ちなみに店の中に、目には見えないけれども負のエネルギーがあると、お客さんはいったんは店の前で足を止めて、入ろうかどうしようかと思うものの、なかなか店内にすんなり入れないものです。

そういう目には見えないけれど、そこにある負のエネルギーを人は感じとるからこそ、そうなるのです。

目に見えない世界にある負のエネルギーの怖いところは、まさに、目には見えていないけれども、目に見える現実の世界に、その影響を及ぼすからです。

そして、僕は、その店の中にあった、残留思念や、負のエネルギーを取り除くべく、お祓いさせていただきました。

すると、翌日から、お客さんが来てくれるようになったと、うれしい報告をいただき、こちらも安堵したものです。

そして、その店だけは、今度はつぶれることなく、順調にその場所で、お商売を続けています。

Episode by Yasushi

マンション空室の謎☆部屋の住民がみんな出て行く理由

103・203・303・403・503☆その法則性の中に一つの原因があった!!

それは、あるマンションの管理会社からの依頼でした。

「どうしても人が入らない部屋があって……いや、というか入居者が入ってきても、1か月もしないうちに、すぐに入居者がみんな出て行ってしまうという、そんな部屋があるんです……しかも退去理由を誰も話してくれない……

なんだか気持ち悪いので一度、視てほしいのです」と。

管理会社の人に案内されて行ってみると、そこそこ立派なマンション。人はたくさん入居しているように見えるわけです。

そこで僕は、こう聞いてみたのです。

「美しい、立派なマンションですねぇ。で、人が入らないというのは、いったい、どの部屋ですか? 見せてください」

「それが……この棟の103・203・303・403・503の縦一列、全部なんですよ」

「縦一列？　では、一度、どの部屋でもいい、どこか一室、中を見せてください」

そして管理人と一緒に、103の部屋へ。

しかし、そのときには何も変わったことはありませんでした。実に平和な様子でした。悪いものが憑いている気配もない。

それゆえ、もっと詳しく知りたいと思い、こう申し出たのです。

「もし、よければ、一晩、ここに僕を寝かせてください。毛布一枚あれば、大丈夫ですから」と、その場所に泊まることにしたのです。

「きっと、これで原因がわかるだろう」と、僕はそう確信していました。

その夜、寝ていると、夜中2時になったとたん突然、なにやら、ざわざわし始めたのです。

なんだろうと耳を澄ませていると、カツカツ、シャンシャンと聞こえ始めたのです。

いったい、なんの音？

実は、それは「錫杖《しゃくじょう》」（お坊様や、修験をする者が持ち歩く杖《つえ》のようなもの。その杖の上には、鐶《かん》という鉄の輪のようなものでできた、鈴のような音が鳴るものがついている）の音だったのです！

しかし、なぜ、その音が？

と思っていると、霊（亡くなっている人たちの霊）が、自分の拠り所である家に帰るために、マンションの目の前にある神社からつながる、霊道を通って、帰るのが見えたのです！　しかも、何人も、何人も！

そこで僕は、すべてがわかりました。

この建物のこの場所こそが、「霊道」にあたっていたのだと！

そして、それゆえ、ここに入居していた住民たちは、この音を聞き、光景を見て、恐怖を感じ、黙って部屋を出て行ったのでしょう。

翌日、僕はマンションの管理会社の人に、そのすべてを話しました。しかし、どうすることもできません。

というのも霊が通る「霊道」で、しかも悪いものではなく、ただ、通って、帰る場所に帰っている霊を、払いのけることはできないからです。

「霊道」は、閉じることができないのです。

いや、さわってはいけないのです。

結局、そのマンションでは、その縦の列すべての部屋の入居者募集をやめることにし、その場所を「霊道」として、快く、そっとしておくことに決めたのです。

ちなみに、そもそもその場所は、「霊道」であり、その上に、あとからマンションが建ったということであり、霊には、なんの罪もないのです。

その「霊道」を人間の都合で無理に封じたことで、大きな障りになるケースもあり、注意すべき問題なのです。

Episode by Nami

幸せを呼ぶ〝精霊ハウス〟☆住む人が成功する家♪

家は住む人を選ぶ!? 幸せと豊かさを叶えてくれた者の正体とは？

それは、かつて、わたしが住んでいた憧れの高級住宅地に建つある物件のエピソードです。

上京後、仕事もかなり増え、経済面での余裕も出たことで、いよいよ大きな家に住もうと、物件探しをしていた頃の話です。

ある日、住宅サイトで、とても気になる物件を見つけ、すぐに連絡したのです。すると「本日、すぐに内覧できますよ♪」とのこと。さっそく物件を持つその不動産会社を訪れたのです。

出てきた担当者は、美しい40代後半の女性。彼女は最初に、こう言ったものです。

「この物件は、ずっと空いていませんでした。しかも今日、アップしたばかりの情報ですから、お問い合わせはお客様だけでした。早かったですねぇ！

ちなみに、いまからご案内させていただくその物件に、前に住んでいた方も、その前に住んでいた方も、当社が担当しているのですが、実は皆さま、とても成功されて、より大きな豪邸に移り住まわれることになったのですよ♪とても楽しみな物件ですよ」

行ってみると、そこはサイトの画像で見るより、う〜んとすごい、とんでもなく立派な物件!! しかも隣や向かいの家々も、ため息がでるようなすごさ。

女性担当者いわく、向かいの家は世界的に活躍する、あの!! 超大物の家です!! と。

家のガレージにはロールスロイスが2台、ベンツが4台と並ぶ、超リッチ波動満載の家♪ うわっ、ご近所さん、超リッチ波動満点♪

「さぁ、どうぞ♪」と案内された物件の中に一歩入ったとたん、なんともいえない幸せな高揚感のくる、とても気持ちのいいエネルギーに包まれました♪ あとでわかったのは、それこそが〝富気〟（富や豊かさを呼ぶ気）の感覚だったのです。

「奥の部屋まで、お進みください」と促されて、あちこち、ちらちら見ながら、ずんずん奥へと進んでいくと、

「わぁ♪ なんて素敵なの!!」と見た瞬間、ハッピー気分はマックスとなり、その瞬間、

そう、内覧から1分と経たないうちに、わたしは「ここにします！」と伝えていたのです。

即決した理由は、目の前に広い、大きなルーフバルコニーがあったからです！ そこはもう、自由に歩きまわれるほどの広さ!!

しかも、そこには、美しいグリーンがセンス良くあしらわれており、おしゃれな演出をしていたのです♪

それを見たとき、〝執筆のあいまに、気分転換に、散歩できる♪〟と思い、うれしくなったからです。

そして、その広いバルコニーと一体化している、これまた広い30畳近いリビングはとても開放的で、どこかの別荘に来たような気分をくれたのが最高でした♪

とはいうものの、その物件は予算をオーバーする物件でした。


しかし、この物件に入ったとたん、これまでの人生で一度も感じたことのないような、胸の内側から温泉のように湧き上がる、あたたかくて、優しい、高貴な波動の、大きな高揚感を感じたことを無視することはできませんでした。

その波動から〝ここからとんでもなく素晴らしい人生が始まる♪〟と確信でき、まさに、その未来が自分を手招きしてくれているようにも感じたのです。

わたしは、これまで見たことのない高級物件に足を踏み入れたから、ただテンションが高くなっているだけか!? とも思いました。が、どうも、そんな感じとは違った感覚だったのです。

理由はわからないけれども、なにか、〝すごい運命〟に誘われていることを予感しました。と、同時に「ここに住むのは、あなたよ♪」と告げられているようにも感じたのです。

実際、そうだったのです! 高貴な精霊の誘いだったのです!

しかし、その時点では、まだ、そのことを知りませんでした。高貴な天使、精霊が、昔からここに住み着いていて、〝住む人を決めていた!!〟そして、〝惜しみなくサポートしていた!〟ということなど。

それがわかったのは、この家に住んでからでした。

とにかく、この家に住んでからは、めまぐるしいほどに、いいことばかりが訪れました。日常的にハッピーなことや、ラッキーなこと、うれしい感動的な出来事がよく起こりました。また、たて続けに仕事のオファーや取材がきたり、大きな報酬を受け取ることになったり、複数の本がつねに連続重版となったり! しました。念願だったアメリカでのディナーショーやカーネギーでの公演を叶えられたり、海外出版や、業界初の一挙12冊同時発売!! の企画が叶ったり。そのうえ、ラジオの帯番組を持つことになったり、作詞家デビューやCDデビューまで♪

憧れの高級外車やセカンドマンション、サードハウスなどなど、夢が次々叶い、幸せに生きている充実感が、もう半端ではありませんでした。

そして、絶対に叶えたかった、小切手での世界中への寄付も、ついに実現できたのです！

あまりにも素晴らしすぎる運命に恵まれていたので「これは、もう自力の力だけのものではない。きっと、わたしの背後でなにか大きな力が働いているに違いない!!」と、そういう不思議なパワーを、この家に住んだときから感じずにはいられませんでした。

そして、あるとき、この家のエネルギーをリーディングしてみたのです。

すると、なんと!! 土地の精霊が現れ、コンタクトしてきたのです!!

その精霊は二人組みの女性であり、美しいドレス姿で、赤やピンクのバラの花束で自分たちを囲み、優しく優雅にほほえんでいました。

この土地と、家と、ここに住む人を守り、ともに生きる、愛と夢と希望に満ちた天使のような姿の者たちでした。

現れた二人組の精霊は、こんなことを言うではありませんか。

「ようこそ♪ わたしたちのおうちへ！

わたしたちは昔からずっと、この土地を守り、愛し、住み続けている主です。

わたしたちは、この土地にとてもこだわりを持っており、こよなく愛しています。それゆえ、この土地に入ってくる者を自らセレクトし、誘っています」

「素敵な精霊さんたち、あなたがたは、なぜ、ここに？」

「そもそもこの土地は、先祖代々わたしたち一族のものでした。しかし、みんな、もう亡くなってしまいましたわ……

が、わたしたちは、先祖から代々譲り受けたこの土地をとても愛し、誇りに思い、大事にしています。誰にも奪われたくないのです。それはそれは、毎日、好きなことをして、幸せに、優雅に、暮らしていたのですから。だから、ずっと、ここにいたいのです！

幸せのあるこの場所に」

「そうだったんですね！ わたしも、ここに来て、幸せです」

「わたしたちが生きていた頃、この土地での暮らしの中には、それはそれは多くの幸せがありました。そのときの幸せな気分をわたしたちは、死んでもなお味わっていたいのです。

それこそが至福だからです！　ここにいるだけで、それをずっと感じていられるのです。

わたしたちは、ここに住んでいたときの、あの黄金期の、幸せの感覚を堪能しているだけです。それだけが、よろこびなのです」

「わかる気がします……この家にいると、わたしも本当に、心が満たされます……」

「わたしたちは芸術家であり、多くの夢とともに生きていました。

しかし、そんなわたしたちも、その後、亡くなってしまい……

そこから月日は流れ、この土地は不動産会社の手に渡りました。

わたしたちはそれが悲しくて、淋しくて、たまりませんでした。

しかし、この土地を買い、この物件を立てたオーナーはわたしたちと同様、この土地を愛し、家族を愛し、誰にでも優しい情をかける心優しい人でした。

それゆえ、わたしたちは、彼がこの土地から成功するよう見えない世界からサポートしていたのです。彼が幸せなら、同じ場所にいるわたしたちも幸せだからです。

彼は、わたしたちの選ぶ人にふさわしく、大きく成功しました。そして、ここ以外にも、多くの物件を所有する成功者となり、多くの人に住む家や新しい運命を与えています。

彼のためにサポートしたのは、彼とわたしたちは心根が同じであり、よろこんで夢に向かい、自発的に成功に向かうエネルギーを持っており、それに共鳴することができたからです」

「もしかして……こんなわたしにまで、サポートを？」

「そう思っていただいてもいいでしょう。**わたしたちは心の優しい人が好きであり、家族を、まわりを、大切にする人が好きなのです。また、わたしたちは、美術・芸術など、なにかしら優れた才能を使って仕事をする人、人や社会に貢献する人をサポートするのが好きなのです。**

わたしたち自身、生前、美術や芸術、芸能面で、大きな成功をしておりました。まだまだやりたいことはたくさんありました。が、命のタイムリミットがきたため、やりきれておりません。それが残念でなりません。まだまだ素晴らしいことを世に提供していきたかったのです。ユニークな個性と才能と夢と希望で、人の心を、社会を、さらに豊かに潤したかったのです。

それゆえ、わたしたちは、この物件に住む人をサポートするとき、わたしたち自身が興味あること、やってみたかったこと、夢だったこと、願いだったことを、ここに住む人とともに叶えているのです！

そうやって、一緒に、生きているのです。

わたしたちのことを、あなた方は誰も目に見ることはできないことでしょう。しかし、こちらからは、あなた方のすべてが見えており、それゆえサポートしやすいのです。それがよろこびであるからこそ、そうしているだけなのですがね。

そして、わたしたちは、あなたのように夢見る人が大好きなのです！　それだけで、ハッピーではありませんか♪」

なんと精霊は、ものすごく長く語りかけてきました。それを書き留めるのが大変なほどでした。

そして、あるとき、わたしは、この物件を出ることになったのです。

理由は、この物件より、もっと大きな物件に住むことになったからです♪

そのとき、ふと、思い出しました！

最初に、この物件を内覧に行ったときに、不動産会社の担当の女性が言っていたことを。

「実は、皆さま、とても成功されて、より大きな豪邸に移り住まわれることになったのですよ♪」と。

……実際、そうなった！

この家を引っ越すことになった日のことを、わたしは、いまでも忘れません。なんだか知らないけれど、やたらと幸福感があふれたと同時に、とてつもなくさみしく、〝本当は、この家を離れたくない!!〟という名残り惜しい気持ちになって、涙が止まらなかったからです。


そのとき精霊がこう言ってきたのを、わたしははっきり聞きました。

「ああ……　あなたもまた、出て行くのですね……とても、とても、さみしいです……わたしたちはあなたと一緒に夢を見て、楽しく仕事をしていました。とても幸せな日々でした……いつも一緒だったのです……

どうか、そのことを、わたしたちのことを、決して忘れないでください。

新しい家に行っても、ときどき、この場所を訪ね、わたしたちに逢いに来てください。

そして、もし新しい場所での人生の中で、なにか困ったことがあったときには、心さみしいときには、新しい家の部屋の中に、薔薇の花を一輪、飾ってください。

そして、わたしたちのことを想ってください。

そうすれば、薔薇のエネルギーを通して、あなたとわたしたちは目に見えない領域で、すぐにつながれ、あなたを抱きしめ、愛で包み込み、必要なサポートをさせていただくことができるでしょう♪」

この精霊ハウスから引っ越しした後、元気がなくなった日などには、ときおり、ふと、この家の前を通りました。すると、それは大いによろこび歓迎してくれたのです!

また、別のあるとき、何気なく精霊ハウスの前を通り、ふと窓を見ると、画家らしき人が住んでいるのがわかりました。というのも窓からわかるほど、巨大な油絵の作品群が見えたからです。

この精霊ハウスを最初に案内してくれた不動産会社の女性とは、ずっとおつきあいがありました。その後、別件で会ったとき話を聞いたところによると、やはり若い画家が住むことになったということでした。しかも、その方は、その精霊ハウスに住むまでは、まったく泣かずとばずの状態だったのに、そこに住んでから、突然売れっ子の有名人になったということでした。

きっと、また、その画家とも、精霊たちは一緒に生きているのでしょう!

ちなみに、精霊ハウスを出たわたしは、どこに住むことになったのか!?

答えは、大好きな同じこの憧れの土地の新居でした！

そして、「いい物件があるから、ぜひ、ご案内したい」と、不動産会社の方から連絡がきて、初めてその新居の物件に案内されたとき、わたしは、びっくりしてしまいました。なんと！ その新居は、前に自分が住んでいた、あの!! 精霊ハウスと、背中合わせに立っている家だったのですから！

これもまた運命的な誘いとしか思えませんでした。

いつでも家は、そこに住む精霊は、エネルギーレベルで同調できる人を、ごくナチュラルに誘っているようです♪ その場所で同じ夢を叶えようと。そう、幸せな波動で満たそうと！

Chapter

4

神仏を敬う☆
正しい手のあわせ方

心は、そのままあちらに届き、
そのままこちらに戻される!

Episode by Nami

業績のいい会社にあって、悪い会社にはないもの☆

それがあるからこそ、〝おかげさまの精神〟も育まれ、運も上げる！

いろんな業種の、いろんな会社の、いろんな社長さまに出逢うことが多いわたしですが、うまくいっている会社は、やはり仕事に対する心気構えが違うものであり、社員や取引先やまわりの人に対する思いやりが違うものです。

そして、うまくいっている会社、業績のいい会社は、ある大切なものをしっかり会社に持っておられます。

その業績のいい会社にあって、業績の悪い会社にないものとは、いったい何？

それは、「神棚」です！

そして、目に見えない世界から、背後から、こちらを守ってくださっている神さまを尊ぶ気持ちであり、感謝です。

その感謝や敬う気持ちは、もちろん神さまに対してのみならず、自分を支えてくれているすべての人、かかわるまわりの人すべてに捧げるものです。

たとえば自分が会社の社長なら、会社の所在地である土地はもちろんのこと、従業員や関係するスタッフ、取引先や、入ってきた仕事や、お客さまや、まわってくるお金など、すべてに！

自分はどこかの会社にお勤めしているというのなら、自分をこの会社に採用し、お仕事をさせてくれ、お給与を与えてくれる会社の社長や、同僚や、先輩や後輩、取引先の担当者や、お客さまなどに感謝したいものです。

ときどき、「あの会社、ほんとうにいや！　社長はケチで！」などと自分が雇ってもらっている会社や社長の悪口を言う人がいるものですが、そういう行為は社長の耳に届かずとも、エネルギーの領域では伝わってしまうものです。

すると何かあったとき、その人からリストラされたりするものです。これ不思議ですが、ほんとうに、そのような傾向があります。

また会社の中で社長の悪口や、他の従業員の悪口を言ったり、愚痴や不平不満をまわりにぶちまける人が会社を壊す傾向にあります。

そういう人は、ネガティブなエネルギーを蔓延させることになるので、社内のムードが悪化し、みんなが気持ちよく働けなくなるからです。

さて感謝や、相手を敬う気持ちがあるからこそ、自分も他人も大切にでき、仕事を大切にでき、取引先を大切にでき、日々こうして無事に、やっていくことができることを大切に思えるのです。

また「神棚」を備え、神さまに毎日、手をあわせる姿は、とても謙虚なものであり、その謙虚さが人としての優しさや慈愛を育むものとなるのです。

しかも日々、手をあわせることで、その優しさや慈愛は、その人からにじみでるものとなり、社内のムードや、社員に対する態度や、取引先の人たちへの対応にも現れるものです。

感謝と敬う気持ちがある人は、「おかげさまで」という、謙虚な気持ちを持っているものであり、それゆえ自分が、自分が！ と、言い張ることもなく、他者を認め、讃え、感謝する気持ちがとても大きいものです。

そういう気持ちは、かかわる人すべてに通じるものであり、神さまにも通じるからこそ何かとうまくいくようになるのです！

ちなみに、この手をあわせるという姿、大切なものを敬うという生き方、ありがたみや感謝という気持ちがあると、うまくいくだけでなく、たとえ何かあったとしても人が助けてくれ、神さまが助けてくれ、大難は小難に、小難は無難にしていけるものです。

この大切なものを敬う気持ち、ありがたみや感謝の気持ちを失ったとき、心の隙に魔が入りこみ、〝禍〟（よろしくないこと、不幸を呼び込む原因、不運な出来事）を呼び込むのです。

目に見えない背後のものを思いやれる人、目には見えないけれども自分を守ってくださる神さまがいることを思いやれる人は、何があっても心丈夫！　安心安堵の中で暮らしていけるものです。

Episode by Yasushi

神様をまつる・手をあわせる☆その意味とは!?

手をあわせることの本当の意味を知るものは、すべてが恩恵になる

神さまをご自宅でおまつりし、毎日、「ありがとうございます」「おかげさまです」という、感謝の心を捧げる習慣のある人は、神さまによろこんでいただけるだけでなく、自分の守護霊さまにも、感謝され、よろこんでいただけるものです。

その神仏のよろこびは、そのままその人の生きるよろこびにも変わっていくものであり、神仏、両方の守護と導きにより、心が平和で安泰な人生を送らせていただきやすいものです。

さて神さまをまつるというとき、どのようにするということなのか？　と聞かれることがあるものです。

崇敬する神さまをきちんとおまつりする場合は、自宅でお社を置き、まつらせていただ

くといいでしょう。

その際、毎日のこととしてお水・お酒・お塩・お米を。それは、いつ替えるのかというと。朝、起きて、自分が水を飲んだり、食事をしたりする前に新しいものに取り換えさせていただくといいのです。

朝、起きて口をゆすいで（または歯を磨いて）から、一番に神棚のお供え物をお取り替えするといいということです。

こういうことをお話しすると、ときどき、こんなふうに言ってくる人がいるものです。「えっ!? それ、毎日やるんですか?」と、おっくうそうに。

しかし神さまに毎日手をあわせて、自分自身は「今日もお守りください」と、毎日のことを祈るわけです。

それなのに神さまには「今日はお水も何もありません」「水を変えるのは一週間に一度、一か月に一度でいいですよね」というのは、なにか、どこか、おかしいと感じられる心は、気づきを得やすい心となります。

また神さまは、我が家の敬うべき存在そのものであり、このような自分の家にも来てくださって日々お守りくださっていることは、本当にありがたいという気持ちがあれば、毎日、必要なことをさせていただきたい気持ちになることでしょう。

とはいうものの神さま自身は、人間に毎日何かをせよとか、お供えものを！などとは言いません。神さまはなにひとつ強要してきません。すべてを視て、知っており、ただ、ただ、〝無償の愛〟で守ってくださいます。

そもそも神さまは、お供え物がほしいのではなく、「心」があれば、それでいいと、ほほえんでくださる存在です。それだからこそ自分の気持ちとして、「させていただく」という謙虚な気持ちと行為が大切になってくるのかもしれません。

できることを、無理なくさせていただけたらいいわけです。できるのなら、お水・お酒・お塩・お米くらいは、お供えさせていただくのがいいでしょう。

さて、神仏に手をあわせるという、その尊い心がまえや習慣や、感謝のある暮らしというのは、とりもなおさず神さまからいただいた自分の命を大切にし、感謝するということであり、自分自身や、家族やまわりの人をも大切にする気持ちと行為につながることに他なりません。

そうして神仏も自分も他者も大切にするという生き方が、より良い人生をつまり、より良い社会の参加者となり、より良い平和で安泰な世の中をつくることにつながっていくということです。

Episode by Yasushi

より親密に☆神様とつながる人になる秘訣

懇願や祈りではなく、もっと大事なことがある！
それは、どんなこと!?

とかく人は、不調のときや困ったときだけ、神さまに手をあわせて必死に何かをお願いするようなところもあるものです。

そして、いいとき、順調なとき、忙しく活躍しているときは、安心してしまうがゆえに、時間に追われるがゆえに、ていねいに神に向き合うことも忘れがちなものです。

しかし神さまとつながり、より親密な関係を築きたいというのなら、いいときも、そうでないときも、暇なときも、忙しいときも、いつも同じ気持ちで、感謝し、手をあわせていくという習慣を持っていたいものです。

いいときほど、忙しいときほど、ていねいに手をあわせ、活躍できる「ありがたみ」を感じる人でいたいもの。

そういう手の合わせ方から、幸福の循環が始まります。

さて不調なときや、困ったとき、仕事やお金がないときなど、本当に「なんとかしてほしい！」と思うがゆえに、神さまに「仕事をください」「お金をください」「ああしてほしい」「こうしてほしい！」と懇願しがちです。

しかし、そういうとき、懇願するよりも、もっと効果的に神さまに願いを叶えていただけるあり方があります。

それは、**「今日は、こういうことをやります！　お導き、よろしくお願いいたします」と、その日、何かひとつでもいいから、できることをお伝えし、それを神さまへの誓いとして生きるということです。**

たとえば、お金や仕事がなかったり、病気したりしたときに、その状態からぬけだせ、素早くお金や仕事を受け取ったり、健康になったりするために、何か、ひとつ、どんな些細なことでもいいので、〝いまの自分ができること〟を神さまに誓い、実行をするならば、すでに、あなたはそれを解決する方向に人生を動かしていることになります。

そして、そのとき自発的にがんばるあなたの姿を見て、神さまも惜しみなくサポートしてくださるようになるのです。

Episode by Nami

仏様への正しい手のあわせ方

助けてください！ はＮＧ☆
仏壇は悩みや問題の処理箱ではない

自分のおじいちゃんやおばあちゃんや両親などが亡くなった際には、仏壇というものをご家庭に置くことになりましょう。

そして仏壇には、亡くなられた方の位牌があります。が、位牌を拝むのではありません。その位牌という霊の拠り所となるものを通して、あちらの世界に思いをはせ、あちらにいる故人につながるということです。

仏壇の前に座り、故人＝仏様に手を合わせるとき、自分はその仏様にいったい何と言って手を合わせているのかを気にかけたいものです。

基本的には、

「どうか何も心配しないで、やすらかに成仏してね」

という気持ちでいたいわけです。また、

「今日もこうして無事に過ごさせていただき、ありがとうございます」

と感謝する気持ち、おかげさまの精神でいたいものです。敬う気持ちを捧げることも大切でしょう。

ときには、

「今日は、うれしいご報告です。こんな良いことがありましたよ」などと、きっと生きていればこの話を聞いて、よろこんでくれたに違いないという、よろこばしい良いことをご報告して、あちらにも、よろこんでいただくのもいいでしょう。

故人の大好物だったものやおいしいものをお供えし、

「はい、どうぞ♪一緒に食べようね」

と声をかけるのもいいでしょう。

また、きれいなお花を飾るときには、故人が進む道が、美しい花畑にもなるものです。

つまり亡くなった方が安心して、あちらの世界へとぐんぐん進み、心置きなく霊的進化を遂げるのをサポートしてあげたいわけです。

ご安心いただき、安らかに眠っていただき、また、より高い階層へと昇っていただくのを見守りたいわけです。

そうであるにもかかわらず、この世の中には仏壇の前に座り、感謝や良いものを差し出さず、苦しみや嘆きや悲しみばかり差し出す人もいるものです。

「仕事がないので何とかしてください!!」とか

「お金がないから苦しいです。助けてください!!」

「どうしてわたしばかり、こんないやな人生なのか！」などと、故人が聞いていて悲しくなったり、辛くなるようなことばかり、ぶつける人がいるものです。

しかし**わかっておきたいことは、仏壇は、あなたの悩みの処理箱でもないし、苦しみをぶつける場所でもありません。**

なんとかしてくれ!! と、なにかを訴えたり、要求したりするのが、よろしくないのは、亡くなった方は、亡くなったら終わりではなく、より高いステージへとシフトすべく霊的進化の旅をしているからです。

残った者が、その足を引っ張ってはいけないのです。

苦しみや悲しみや嘆きをあれこれ訴えるのではなく、どんな辛い状況にあったとしても「この程度ですませていただき、ありがとうございます」「こんな苦しい中でも、お守りくださり、ありがとうございます」「今日も命があり、こうして暮らしていられますことを感謝します」と、現状がどうであれ、そういうものを差し出すとき、その思いも言葉も故人にスーッと伝わり、あちらの世界で、より高い徳を積め、霊格が上がるのです！

残った者の素晴らしい追善供養により、故人はぐんぐん霊的進化を遂げ、霊としての力をつけ高まるのです。そうなると、あなたに何かあったとき、いちいち頼まれなくても、どんな形であれ、スッとあなたを助けられるようになるのです。

その助け方は、いつも不思議なもので、救われたあと、その神がかったやり方に、感動で震えるほどです！

さて、「生きた親より死んだ親」という言葉があります。

これは生きた親も素晴らしい存在で、何かあったらあなたのために愛を持って助けてくれ、守ってくれますが、死んだ親は生きていたときよりも、もっと大きな愛と慈悲と神秘力で、あなたを助けることができるということです！

なぜなら死んだ親、故人には、時間や距離や場所や物体や人間的な垣根がまったくなく、瞬時にあなたのそばに駆けつけ、一瞬で必要な現象を起こし、守護し、引き上げ、運気好転を叶えることができるからです！

Episode by Nami

霊が教えてくれた☆霊界へ上がる準備期間

人が霊になったからこそわかったこと そんなことって、ある!?

それは40代のY子さんの話です。Y子さんは、亡くなった父親の葬儀を終え、半年を過ぎ、ようやく自分を取り戻そうとしていました。

そして自分の将来のことを聞きたいと、セッションにやってきたのです。

夢があり、将来のことは自分でもそれなりに考え、何かと動いては人生を良い形で整えていこうとしていました。が、何かやろうとすると、ことごとく邪魔が入り、いっこうに何も進まず……

しかたないので夢に向かうのをやめ、仕事でも探し、そこからもう一度考えよう。

しかしながら何十件と面接を受けても、かたっぱしから落とされ、前に進むのを止められるのです。

なぜこうなるのかと不安に思い、相談にやって来たのです。

椅子に座ると、彼女はため息をつきながら、こう言いました。

「先生、どうして、こんなに前に進むのを、わたしの人生を、止められるのでしょうか……自分の夢よりも、もっと重要な何かがあるのでしょうか？

もし、いまのわたしに何かしなくてはいけないことがあるというなら、それがなんなのか視てほしいです……」

そういう彼女のうしろに、ふと目をやると、なんと、そこには年配の男性が困った顔をして立っていました。一瞬で、わかったのは、すでに亡くなっている方であり、おそらく彼女の家族、そう父親かと。

その状況を見たとき「ああ、今回もまた、後ろの方が伝えたいことがあって、彼女をセッションに連れてきたのだな」と、すぐにわかりました。

それで、彼女にこう聞いてみたのです。

「いまからそれについて、もっと詳しく視ていきますが……

その前に確認したいことがあります。お父さまはご健在ですか？」

「父なら、半年ほど前に亡くなりました」

「その際、しっかりご供養されましたね？」

「えっ？ しっかり？ もちろんいっぺんにぜんぶやりましたよ」

「ぜんぶ、いっぺんにとは何を？ 意味がよくわかりませんが、お葬式のあと初七日とか、そのあとの家族での七日、七日の追善供養はなさいました？ お寺様をお呼びし、49日とか、100カ日も、そのつど、なさったということですかね？」

「なんですか、それ？ いや、ちゃんと葬儀屋さんに来てもらったとき、葬儀屋さんが言ったことをちゃんとやりました」

「お坊様ではなく？ 葬儀屋さんが、いったい、なんと？」

「いや、だから……葬儀屋さんが父の葬儀の打ち合わせの際に、〝葬式と初七日と49日をぜんぶひっくるめて1日パックで、出来ますので、それで、なさいますか？ そのほうが費用的にもお安くなりますし、それに仕事だなんだと、なにかと忙しい現代人は何度も法要のために集まるわけにもいかないので、皆さん、そうされています〟と言うので……

　こちらも、〝じゃあ、その1日パックでお願いします〟と頼んで、葬式の日に1日で何もかもぜんぶ終えたんです。それが何か？」

すると、わたしがY子さんの言葉に答える前に、後ろに立っていたお父さんの霊自らが、こうおっしゃったのです。

「いや、わしは、まだ、あちらに入れないよ！

いかんよ。そんなこと!! 作法となるもの、霊界へ行くために必要期間の供養を省いてもらったのでは、わしは前に進めない！ 上にあがれない!!

49日の供養は、まだだ！ してもらっていないのと同じなんだよ。上にあがるために必要な霊的日数がいるんだ。100カ日もちゃんとしてほしい！

そうしないと、わしはどこにも行けない！ ここで足止めされているんだよ。

人間は死んだから、はい、すぐ上に逝ってねと言われて、逝けるものじゃない！

霊魂の身として必要な経過がないと……つまり、ちゃんと供養されねば、行く場所に、行く時期に、行くことができないんだよ。

どうか49日も100カ日も、ちゃんとやってほしい。頼む！

そうでないと、いまだ家の中から一歩も出られない!!」と。

それを聞いたY子さんは、驚いたような顔をして、こう言ったのです。

「えぇっー!! そうだったんですね!!

いや、実はうちのおじいちゃんが亡くなったときには、そういうことをちゃんとしていた記憶があったので、葬儀屋さんにも確認の意味で聞いたんです。

しかし〝最近は皆さん、何度もそういうことのために集まりませんから、こちらで手配させていただければ、いっぺんにできますよ。それに、それだと5万円お安くなります〟と、そうおっしゃったので、そうしたんです。

しかし父が、そう言うのだとしたら、わたしは父の望むようにしてあげたいです！ さっそくお寺様に連絡して、49日と100日を別の日にそれぞれ、ちゃんと行います。

わたし、父が大好きだったんです…… だから、ちゃんとしてあげたい！

父が安堵して、ほっとして、よろこんで天国に逝けるようにしてあげようと思います」

それにしても、亡くなったお父さんのおかげで、大切なことを教えられたものです。いや、というか、やはりそれは大事なのは本当だった！ と再確認できて、よかった!!

それゆえ、わたしは、この件があったあと、自分の息子たちにこう話したものです。

「もしママに万が一のことがあった場合には、絶対に、必要な供養を省かないでね！

葬儀屋さんやお坊さんが何と言おうと、ちゃんと霊が上にあがるために、すんなり霊的進化を果たせるように、必要な供養を、きっちり、時期に合わせて、ちゃんとやってね。

そうしないと、成仏できなくなるから！」と。

それにしても、こんなことになるのも、〝思考の軸〟がずれるからです。

本来、亡くなった人の供養をするのは、その方の霊魂をなぐさめ、苦をぬき、安心して極楽浄土へ行ってほしいという、霊を弔うためにあるものです。

人間はただの肉の塊ではなく、焼き場で焼いて終わる形だけのものでもありません。体＝肉体の中には、霊魂が宿っていて、それが肉体が亡くなるとき、肉体から抜けて帰るべき光の国に帰るわけです。

が、人間は死んだとき、死んだとわかるのに時間がかかる人もいるものです。すぐに自分の死を受け入れられない人もいるものです。

自分の死を知り、受け入れたとしても、そこからどこに向かって、何をすれば、上にあがれるのかを、最初はわからなかったりします。

特に生きているとき、そういうことに無関心で生きていると、死んだあと途方に暮れるのです。なぜなら最初、死んだばかりのときには、生きていた頃の自分の物の考え方がまだ、そのまま働いているからです。

しかし亡くなった人の追善供養をすることで霊は死んだ自覚ができ、死を受け入れ、行くべき場所に行くことを悟り、進んでいく。この過程の中で高次の存在とも出逢い、導かれ、迷うことなく、まっすぐ天に昇ることができるのです。

そして、あとに残った人たちの追善供養によって、霊的成長と進化の旅を加速させるものです。

さて霊をしっかりご供養している残された人たちは、供養すること、手を合わせることで自分もまた徳を積むことになります。

結局、霊を救うために、霊に安心してもらうためにしていたことが供養している自分自身を救い、安心させ、良い状態に導くものになっているわけです！

たとえば供養の仕方が、どこか、なにか、おかしくなるのは、いつでも、〝霊のために〟という肝心なところが抜け、〝忙しい現代人のために〟などと、霊より生きている人間のほうに思考の軸が移るから、おかしくなるのです。

させていただくというとき、それが供養であれ、なんであれ相手を思いやるからこそ、良い状態が叶えやすくなるのだと、わかっておきたいもの。

Episode by Yasushi

霊魂は実在する!!☆愛する亡き夫からのメッセージ

あちらの世界にいる者は、心のままに愛ある行為を叶えている！

それは数年前のことです。30代のある女性が僕のところに鑑定にやってきました。

「先生……今日は亡くなった夫のことを視てほしいのです。夫は、わたしに何かメッセージを送ってくれていますか？」

実は彼女は、妊娠中にご主人を病気で亡くしてしまったのです。

そのため当時、妊娠していたお腹の中の赤ちゃんを見ることもなく……

「先生、わたしはこうして夫が亡くなった悲しみも乗り越え、いま一人で必死に子どもを育てています。そんながんばるわたしに、何か言葉を伝えてほしいのです」

「わかりました……視ていきましょう……」とはいうものの、ご主人は、一緒についてきて同じ部屋にいるわけですが。

そして、ご主人の霊は、まず、こう言ってきたのです。

「ああ、部屋に置いてあるあの時計……僕のお気に入りだった……あれ止まっているから、電池交換をしてほしい。動かしてほしいんだ。そのうち子どもが使いたがるから、その日まで動かしておきたい」

それを彼女に伝えると……

「時計を？　はぁ、確かに止まっていますが……先生、そんなことはわたしにとってはどうでもいいことです。もっと何か大切なメッセージを聞かせてください」

彼女がそう言うので、また僕は、彼女の後ろにいるご主人の霊に聞いてみたのです。すると、今度はこう言うではありませんか。

「あっ、そうそう、それなら伝えておこう……僕が最期に買ったあのブランドの自転車……あれを外に置いたままにしないで室内に入れてほしい」

僕はご主人から伝えられた言葉をそのままお伝えしました。すると、彼女はムッとし、怒ったような顔をして、こう言ったのです。

「先生、時計とか自転車なんて……そんなことより、ちゃんと主人に聞いてください！

もっと大事なこと、わたしに伝えたい言葉はないのか？　と。
たとえば、いまでも、愛しているとか……そんな彼の気持ちが知りたい……」

それを聞いていた旦那さんの霊は、素早くこう答えたのです。

「なにをほしいんだ？　メッセージだなんて……

僕は、ずっと君のそばにいて、君と子どもを毎日いつでも、どんなときも、必死で守っているんだよ。毎日、そばにいる……　つきっきりなんだよ。

それがどんなことか、わかるか？

愛があるからこそ、できることさ……

僕は生きているとき、朝早くから晩遅くまで、ずっと仕事ばかりして、ほとんど家にいなかったね。あのときは、君のそばにいてあげられなかった……

生きているときの人間の僕は、あまりにも仕事に追われ、忙しすぎて、君のそばにいてあげられなかった……本当に申しわけなかった……。でも、こうして死んで霊の姿になってからは、僕は24時間ずっと、かたときも離れることなく君と子どものそばにつき、かばい、守ることができるんだ!!　それは、とってもうれしいことなんだよ。

そして、いまが一番安心さ。いつも見守ることができるのだからね。

僕は毎日、君と子どものそばにいることができて満足している！

だから、いまさら、わざわざ特別な言葉などいらないんだよ。僕たちは夫婦だからこそ、特別な言葉などかわさなくても変わらない気持ちでいるのだから……

とにかく毎日、そばで守っている！……」


すると、それを聞いていた彼女の目から大粒の涙がぽろぽろこぼれたのです。

「先生、あの人が、ずっと、わたしのそばにいてくれただなんて……

なんということ……　こんなすごいこと……本当に、幸せです……

それだけ聞ければ、もう満足しました……

わたしは、これからも彼との子を、彼の分まで一生懸命愛情こめて、育てていきます」


彼女のように、ときどき故人のメッセージを聞きたくて、僕のところに鑑定に来られる方は多いものです。しかし亡くなった大切な人は、たいがい、ふつうのことを、ふつうに伝えてくることのほうが多いのです。

奇をてらった突拍子もないことや、サプライズのようなびっくりすることを言ったりしません。

しかし、そのふつうの言葉の中に、ふつうでは考えられないような大きな優しさや慈愛が込められており、こちらを守り、導いてくれているのです。

それは、たんに甘い言葉で「愛している」というようなセリフを吐くのとは違い、もっと、もっと、深い大きな愛なのです。

Episode by Nami

手をあわせる☆それこそが魂の救済につながる生き方

誰かの為は自分の為☆それゆえ祈らずにはいられない心の真相

目にみえない世界のことが、視える・聞こえる・わかるということを通して、これまでたくさんの霊と対話し、さまざまな神様の啓示を受け取ってきた中で、いま、つくづく思うことがあります。

それは、**神仏に手をあわせるということが、いかに地上で生きるわたしたちに、重要な意味を持っていたかということです。**

故人という仏さまの霊や神様に手をあわせることは、かけがえのない生き方のひとつであり、大切にしていきたいものであり、子どもや孫や未来の人たちにも永遠に伝えていきたい習慣です。

手を合わせるとき、人は心の中でなにかを祈ったり、願ったり、感謝したりします。良いときは良いなりに、そうでないときはそうでないなりに、悪い中でも、必死で手をあわせるものです。

そして手をあわせ、祈り、願うことによって自然に心を癒し、ケアしていることになり、その先をまた、なんとか進んでいくことができるわけです。

手をあわせることで、なにかを祈ることで、願うことで、人は自分自身で、心を癒やしたり、なぐさめたり、励ましたり、高めたりして、生きる気力を、エネルギーを、〝目にみえない領域〟から受け取っているのです。

では、なぜ、手をあわせることで、エネルギーをもらえるのか？

とりもなおさずそれは、手をあわせることで、そのまま、自分を生み出した根源とつながることになるからです！

また、手をあわせることで、そのままダイレクトに、その対象や、対象に手を合わせる自分を、「救済する行為」となるからです！

たとえば、良いときは、手をあわせ感謝します。

「神様、こんなに素晴らしいことをありがとうございます！」と。

しかし、ときには、とても辛く、苦しいときにも人は、

「神様、仏様、ありがとうございます」と、感謝したりするものです。

「大難を小難に、小難を無難にしていただき、ありがとうございます」

「この程度で済ませていただき、ありがとうございます」

「こうして、こんな中でも、命をお守りいただき、ありがとうございます」

などと。

そうやって感謝するとき、人の心は癒され、目線を元に戻せ、心を高め、明日に希望を持ち、可能性を見いだし、再び力強く歩いて行けるようになります！

そして、「これでよかった」と、そこにある人生を受け入れることができ、なにかを「満足する」ことができ、大切なことに気づき「悟る」ことができるようになります。


しかも興味深いことに、人は、悪い環境や状況の中、どん底、絶望的な中では、むしろ、ふつうの暮らしの中にいるときや、良い状況にいるときよりも、さらに熱心に手を合わせ

ていたりするものだということです！

それは、なぜか？　なぜ、そんなことができるのか？

このことについて、かつて尊敬する船井幸雄先生の小さい頃からのエピソードを聞いていた会話の中で、先生は、こうおっしゃっていました。

「船井先生、そんなお辛い中で、なぜ、手をあわせて感謝することができたのですか？　それがわたしの身に起こったとしたら、もしかしたら、運命をのろいたくなり、神様に文句のひとつでも言っていたかもしれません……」

するとと船井先生は、こうおっしゃったのです。

「辛いから、もうどうしようもないから、感謝したんや。もはや感謝でもしないと生きていけないくらい辛いから、感謝していたんや」と。

手をあわせ、感謝することで、かろうじて、そのときの辛い人生と自分をなんとか支えていけたのだと。

そういえば、戦国時代、本能寺の変以降、波乱の生涯を生きた細川ガラシャも、敵に包囲されたり、追い込まれたり、幽閉されたり、四面楚歌になったりしたとき、そんな中でも一筋の光を見いだせたのは、神様に（ガラシャの場合は、イエス・キリストに）手をあわせることを覚えたからだといわれています。

そして、それだからこそ、どんな中でも、安らかでいられ、凛とでき、心を保て、一日、一日を生きぬき、潔く、己の心を決め、最期を迎えることができたのだと。

神仏に手をあわせるとは、感謝するとは、本当は、きれいごとでもないし、徳を積むためや、なにかしら良いことを引き寄せるためでも、ない！

それは、もはや心というものを、魂というものを持っている人間、誰にとっても、必要不可欠な「魂の救済」行為であるからこそ、そうせずにはいられないということなのです！

「目にみえない世界」とは、本当は、誰でもつながることができます！

それは、心を通して、誰かを思いやることを通して、気づきを通して、なにかを理解することを通して、愛することを通して、また故人の霊を思うことや弔うことを通して、神仏を慕い敬うことを通して可能となるのです。

そして、その対象からの、お返事（反応）となるうれしいサインは、必ず、あなた自身の心の中に、この日常の中に、素晴らしい恩恵として、惜しみなく、おだやかに降り注ぐのです！

まるで「目に見えない世界」のほうから、〝ありがとう〟と、いうかのように！

感謝をこめたあとがき

臨死体験の秘密☆そのとき、わかったこととは⁉

魂だけになったとき、一瞬で、この人生の真実が明かされる！

かつて、わたしは、臨死体験をしたことがありました。そのときわかったことは結局、すべてのことが必然であり、最善であり、この人生には感謝しかないということでした。

肉体から魂がぬけて天に昇ろうとしたとき、この地上の人生のしくみがみえたのです！出逢う人も、起こる出来事も、その人にとっての必要な経験でしかありませんでした。

また本当に、いい人は誰だったのか、いい人ぶっていたけれど、こちらを欺いていたのは誰だったのか、また、何が真実で、何が嘘だったのか……

そして、なぜ、あの人が自分を愛したのか、なぜ、あの人が自分にいじわるをしたのか……すべての事の真相が瞬時にわかったのでした。

そして、いいも悪いも、清いも汚いも、嘘も真実も……そんな、すべてが一瞬でわかる世界にいる自分は、生前、何があったとしても、そのすべてに、感謝をしていました。

ありがとう……　みんな、本当に、ありがとう！　と。

いろいろあって自分が存在することができたのだとわかると、感謝しか湧かないものです。わたしは、泣きながら感謝の言葉を伝えていました。

そして、それを〝心でキャッチできた人〟は、こちらが感謝した、まさに、その同じタイミングで涙を流していました。

ああ、通じるのだ!!　心は、通じる!!

「目に見えない世界」からの交信は、「目に見える世界」の人にも、こうして通じるのか!!

そのよろこびといったら、ありませんでした。

気づくと、わたしは無色透明のエネルギーになっており、空間に溶け込んでいるだけの存在になっていました。

わたしは、空間と一体化していました。

そんなわたしは身も心（といっても、魂だけの状態になっているわけですが）も軽く、自由に、誰の前にも現れることができ、自由にどこにでも好きな場所に行くことができました。

コンタクトしたい人には、コンタクトすることができました。守ってあげたい人を守ってあげることができました。

そのとき地上のその人には、こちらからの意図が、ちゃんと必要なサインとして届くようになっており、その人には、なんらかの気配や感覚が伝わり、その本人の中で、なにか、

ふと閃くものがあったり、キーとなる言葉を浮かべたりしていました。

その人は、こちらから送るものを自分なりにキャッチすることができたのです。それは、頭ではなく、心の中、ハートを通して、感じる力を通してなされました。また、何かに気づこうとする心的態度や行動を通して、確かなものになっていくのでした。

心が通いあっていた人たちとは、思い出しあうたびに即座につながれました！
どんな気持ちよりも、特に愛と感謝は、即座にビンビン伝わることがわかって、とてもうれしかった！
わたしは、うれしい気分で、自由にどこにでも行ける状態を楽しんでいましたが、突然、どこからともなく、ある質問がなされました。

それは、天の声!? 神様!?

「あなたは、今世、充分、自分自身をまっとうしましたか？」
「心から、ちゃんと愛する人を愛せましたか？」

「人さまや社会のために役立てましたか？ ミッションを遂行できましたか？」と。

そのとき、わたしは素直にこう答えていたのです。

「いいえ！ いいえ！ いいえ！

ああ、わたしは、まだ、それを、完全にはできていない！ どうしよう!?」

そして、その瞬間、ハッと気づいたのです。

「人生に、やり残しがある！ こうしてはいられない!!」

そうして、わたしは、この地上にまた戻ってきたのです。


地上に戻ったわたしの肉体は病んでいましたが、なぜかすぐに退院できました。医者は、治らないだろうと言っていたのに!!

わたしは、自分に無理をさせ過ぎたことを自分に詫び、ここからは、もう一切、無理する生き方をやめよう！ と決めていました。

自分をかばうため、仕事は一時、中断しました。


しかし、おかしなもので、地上の人間界に戻ったとたん、「本当にそれでいいのか？」などと一瞬、悩んだりしたわけですが、もはや世間の反応より自分の心身を守ることが重要だ！　と、すぐに自分の決心に戻ることもできました。
とにかく、ミッションが残っている!!　それを遂行するためにも、もはや、自分が病むような生き方はするまい！

けれども、ここから一体、どうやって復活する!?

その方法は、たった、一つ！
自分の内なる感覚を信じて、自分らしく、自分のタイミングで、よろこばしく前に進む！　それしか、ありませんでした。

ミッションを叶えようとするとき、わたしたったひとりでは、何かが足りないということもありました。ミッションを同じくする魂グループの人とつながる必要がありました。
そして同じミッションの中で、この人生を幸せにわかちあえる人と、世の中に貢献できるきっかけを持つ人と、運命的な人たちに出逢うと、多くを語らずとも心でわかりあえる、すべてがすんなりうまくいく！　と、知りました。

そして、**そういう人と出逢うと、その瞬間、自然に涙があふれました。**
〝やっと逢えたね！　今世のメンバーさんたち!!〟

人は、決して自分一人で生きているのではありませんでした。
いつでも人さまとのつながりや、愛や理解や思いやりや助けや支えによって、生かされているだけでした。

その、人さまと出逢わせてくれるのは、神様の仕事！
そして、その神様がくれた出逢いを、より良い形で育むのは自分の仕事！

とはいうものの人というのは、永遠につながっているわけではなく、その時、その時、必要があって、ともにクリアすべき課題があって、霊的進化のために出逢わされるだけであって、役目が終わると去っていく人もいました。

しかし、それでいいのです。

わたしたちは誰と出逢い、離れようとも、そのときどきに出逢った人を大切にし、そのときどきの人生を大切にしながら、前進するしかないのですから。

そして、わかるのです。

同じ時は、まったくないのだと。

命は時間で出来ている、有限の宝物だと！

この命という有限の時間を、どんな気持ちで生き、どんな人たちと過ごし、この地上で今世、なにを成すのか、それこそが一人一人の課題であり、ユニークな生き方になるのです。

そして、わかっておきたいことは、誰がどんな人生を歩もうとも、すべては、必然であり、最善であり、その人だけの尊い道になっているのだということです。

そして人の命の時間のすべてが、愛であり、感謝であり、神の恩恵であり、ユニークな一つの奇跡だったのです！

なかい やすしプロフィール
スピリチュアル・カウンセラー。霊能者。
京都生まれ。
幼少期から、霊能力があり、その神秘的でリアルな不思議な能力と発言に、
まわりの人たちを驚かせていた。

社会人としてのお勤めもしていたが、何かと不思議な体験や、目に見えない世界への誘いがあり、後に、授かった能力を、人さまや神仏のお役に立つべく、極自然な流れの中で、霊視鑑定を行ういまの人生へと入る。

恋愛・結婚・仕事・健康などについて、霊視鑑定し、アドバイスをしてきた数は、延べ２万人以上。

そのほとんどが、口コミであるという。現在も、京都に本拠地を構え、対面鑑定を行っており、訪れる多くの人々を不思議な力で、幸せに導いている。

著書に、『オーラを高めると、「運命の人」を引き寄せる！』『オーラを高めると、幸せな結婚ができる！』『あなたに「奇跡」が起こるオーラの魔法』（以上、PHP研究所）がある。

★なかいやすし鑑定問い合わせ
nakai.yasushi@icloud.com

佳川 奈未（よしかわ　なみ）プロフィール
作家・作詞家。神戸生まれ、東京在住。
株式会社クリエイティブエージェンシー 会長。
「ホリスティックライフビジョンカレッジ」主宰。

心の法則、大自然の法則、宇宙の法則をベースに、生き方・願望実現・お金・恋愛・成功・幸運をテーマにした著書（単行本、文庫本、ムック、コミック原作本、電子書籍、PODブック、DVD付ブック、トークCD）は、約370点。（2024年11月現在）

海外でも多数翻訳出版されている。

アンドリュー・カーネギーやナポレオン・ヒルの「成功哲学」「人間影響心理学」、ジョセフ・マーフィー博士の「潜在意識理論」などを30年に渡り研鑽。

その学びと実践から独自の成果法を確立させ、人々の「夢を叶える自己実現」など、理想のライフワーク実現のサポートに取り組んでいる。

執筆活動の他、ディナーショーや公演、講演、セミナー、トークショー、音楽ライブ、ラジオ出演、音声配信番組などでも活躍。ニューヨークでの公演とディナーショーも叶えた。

エイベックスより「幸運Gift☆」で作詞と歌を担当し、作詞家&歌手デビューも果たす。

（デビュー曲はエイベックス&マガジンハウス夢のコラボCD付Book『幸運Gift』として発売。JASRAC登録作詞家。）

精神世界にも大いに精通。2009年には、高野山真言宗のお寺にて得度。

レイキ・ヒーラー。エネルギーワーカー・チャネラー。

ホリスティック・レイキ・マスターティーチャー。

慈善事業として国内外問わず、印税の一部を価値ある団体に寄付し続けている。

主宰する「ホリスティックライフビジョンカレッジ」にて、個人セッションや各種講座を毎月開催！


近著に、『佳川奈未の霊界通信☆』『幸運を呼び込む☆座敷わらしの置きみやげ♪』『帝王学をみかたにつける超☆開運法』（以上、ビジネス社）、『復活新版☆宇宙銀行から好きなだけお金を引き出す方法』（以上、ヒカルランド）、『願いはあなたのお部屋が叶えてくれる』（青春出版社）など、多数あり。

《佳川奈未 関連情報》
★佳川奈未公式オフィシャルサイト
http://miracle-happy.com/
★佳川奈未　本とセレクトグッズの公式通販サイト
『ミラクルハッピー百貨店』HP
http://miraclehappy-store24.com/
★佳川奈未の個人セッション・各種講座が受けられる！
『ホリスティックライフビジョンカレッジ』HP
http://holistic-life-vision24.com/
★佳川奈未インスタグラム
https://www.instagram.com/yoshikawanami24/

《なかいやすし　最新著作一覧》

★『オーラを高めると、「運命の人」を引き寄せる！』　PHP研究所
　～出会うための47のヒント
★『オーラを高めると、幸せな結婚ができる！』　PHP研究所
　～「運命の人」と出会い、本当の愛を育むヒント
★『あなたに「奇跡」が起こるオーラの魔法』　PHP研究所
　～毎日が幸せなことでいっぱい！

《佳川奈未　最新著作一覧》

★『宇宙は、「現象」を通してあなたに語る』　ビジネス社
★『「神様」は、こうしてあなたを導いている！』　ビジネス社
★『「白蛇さま」が教えてくれた☆お金に恵まれる生き方』　ビジネス社
★『佳川奈未の霊界通信☆』　ビジネス社
★『幸運を呼び込む☆「座敷わらし」の置きみやげ♪』　ビジネス社
　《霊界通信2☆ハッピーバージョン!!☆》
★『「帝王学」をみかたにつける超☆開運法』　ビジネス社
★『あなたの願いがいきなり叶う☆「ヴォイドの法則」』　ビジネス社
★『「お金」は、スピードに乗ってやってくる！』　ビジネス社
★『人生が整う「ひとり時間」の過ごし方☆』　ビジネス社
★『自分の病気は自分で治す！』　ビジネス社
★『成功チャンネル』　マガジンハウス
★『幸運予告』☆世界一ハッピーなこれが本当の惹き寄せの法則　マガジンハウス
★『幸運Gift☆』☆作詞家＆歌手デビューシングルCD付　マガジンハウス
★『「運命の人」は探すのをやめると現れる』　PHP研究所
★『望みのすべてを必然的に惹き寄せる方法』　PHP研究所
★『船井幸雄と佳川奈未の超☆幸福論』　ダイヤモンド社
★『運のいい人がやっている「気持ちの整理術」』　講談社
★『怒るのをやめると奇跡が起こる♪』　講談社
★『ほとんど翌日　願いが叶う！　シフトの法則』　青春出版社
★『ほとんど毎日　運がよくなる！　勝負メシ』　青春出版社
★『お金持ちが持っている富の循環☆スピリチュアル・マネー』　青春出版社
★『「いいこと」ばかりが起こりだす　スピリチュアル・ゾーン』　青春出版社
★『「約束」された運命が動きだす　スピリチュアル・ミッション』　青春出版社
★『あなたの意のまま願いが叶う☆クォンタム・フィールド』　青春出版社
★『あなたの内なる神の声を聞く方法☆』　青春出版社
★『「願い」はあなたのお部屋が叶えてくれる☆』　青春出版社
★『金星☆生命体レワードとの交信記録』　ヒカルランド
★『復活新版☆「宇宙銀行」から好きなだけ♪お金を引き出す方法』　ヒカルランド

※佳川奈未のその他の著書、個人セッションや講座等は、公式サイトをご覧ください。
★佳川奈未公式☆奇跡が起こるホームページ
http：//miracle-happy.com/

目に見えない世界との対話☆

2024年11月14日　　　　第1刷発行

著　者　佳川 奈未　なかい やすし
発行者　唐津 隆
発行所　株式会社ビジネス社
〒162-0805　東京都新宿区矢来町114番地 神楽坂高橋ビル5F
電話　03(5227)1602　FAX　03(5227)1603
https://www.business-sha.co.jp
〈装幀〉大谷昌稔
〈本文組版〉茂呂田剛（エムアンドケイ）
〈印刷・製本〉株式会社 ディグ
〈営業担当〉山口健志
〈編集担当〉本田朋子

ISBN978-4-8284-2670-9